關懷的力量

On Caring

米爾頓・梅洛夫（Milton Mayeroff）——著
陳正芬——譯

自由學習 30
關懷的力量（經典改版）
作　　者　米爾頓・梅洛夫（Milton Mayeroff）
譯　　者　陳正芬
責任編輯　林博華
行銷業務　劉順眾、顏宏紋、李君宜
總 編 輯　林博華
發 行 人　凃玉雲
出　　版　經濟新潮社
104台北市中山區民生東路二段141號5樓
電話：（02）2500-7696　傳真：（02）2500-1955
經濟新潮社部落格：http://ecocite.pixnet.net
發　　行　英屬蓋曼群島商家庭傳媒股份有限公司城邦分公司
104台北市中山區民生東路二段141號11樓
客服服務專線：02-25007718；25007719
24小時傳真專線：02-25001990；25001991
服務時間：週一至週五上午09:30-12:00；下午13:30-17:00
劃撥帳號：19863813；戶名：書虫股份有限公司
讀者服務信箱：service@readingclub.com.tw
香港發行所　城邦（香港）出版集團有限公司
香港灣仔駱克道193號東超商業中心1樓
電話：852-2508 6231　傳真：852-2578 9337
E-mail: hkcite@biznetvigator.com
馬新發行所　城邦（馬新）出版集團Cite (M) Sdn Bhd
41, Jalan Radin Anum, Bandar Baru Sri Petaling,
57000 Kuala Lumpur, Malaysia.
電話：(603) 90578822　傳真：(603) 90576622
印　　刷　漾格科技股份有限公司
初版一刷　2011年12月20日
二版一刷　2020年6月16日

城邦讀書花園
www.cite.com.tw

ISBN：978-986-98680-9-9

定價：300元

致謝

謹向布赫勒（Justus Buchler）、伯特（Edwin A. Burtt）、霍夫斯達特（Albert Hofstadter）和柏金斯（Moreland Perkins）等四位朋友致謝，感謝他們的鼓勵和指教。

並感謝紐約州立大學研究基金會（Research Foundation）提供三名教員研究獎學金。

要特別一提的是，杜威（John Dewey）、佛洛姆（Erich Fromm）、馬塞爾（Gabriel Marcel）和羅傑斯（Carl R. Rogers）等人的著述，在各方面使我受惠良多。

感謝《國際哲學季刊》（*International Philosophical Quarterly*）的編輯，准許我使用曾載於一九六五年九月號的我的文章〈論關懷〉（On Caring）的部分內容。

對於關懷的種種說法

……評量自我成長的標準，在於我能創造、成就對方以獨立的人格成長的程度。

——卡爾．羅傑斯（Carl R. Rogers），美國心理學家、人本心理學大師

一位真正的父親必須是一個創造者，他要能創造出一個不依賴他便能成長茁壯，而不是用他的形象塑造出來的孩子。一位真正的父親必須是個藝術家，如果他試圖將孩子塑造成跟他一模一樣，就違背了人類的創造精神……。

——齊爾布哥（Gregory Zilboorg），烏克蘭裔美國心理分析學家

一本書的生命就在字裏行間。一本書有它的律則，一段時間之後將成為你的創造

物。你就像是個飼養馴服動物的主人。我經常為我對待小說的方式感到羞愧，我必須說，壞的不是小說，而是我。就像小說其實並不屬於我，而像是我養大的孩子。您瞧，我知道在我的小說中有哪些地方是很美的，然而當我完成一部小說之後我常會領悟到，這些美好之處不會獲得讀者共鳴，換言之，我沒有成功地將它帶出來。說來奇怪，就好像我讓小說失望了，沒有盡到我應盡的義務。

——諾曼．梅勒（Norman Mailer），美國小說家、劇作家

我不想說得一副形而上的樣子，但是在繪畫時會有一段時期，那幅畫會自己提出一些要求，如果你不是對這點超級敏感的話，你知道，你可能就會毀了那幅畫。畫作顯然是有了生命一樣。

——班．夏恩（Ben Shahn），美國畫家

我們都想要被別人需要。我們不光是有需要，當我們被別人需要時，也會備受激勵。……當我們不被需要時，會感到惶惶不可終日，因為我們感覺「未完成」、

「不完整」，而唯有透過互相需要的關係，才得以完成。我們不僅會想要去尋找自己欠缺而且需要的，也會想要去找到那些需要我們的事物。

——安德拉斯．安吉亞爾（Andras Angyal），匈牙利裔美國心理學家

一個人唯有實現了他個人存在的具體意義，他才能實現他自己……一個人必須實現的意義乃是在他之上的，絕不僅僅是他自己。

——維克多．法蘭可（Viktor E. Frankl），意義治療法大師

目次

致謝 3
對於關懷的種種說法 4
推薦序 懂得・關懷・安身立命／方志華 11
推薦序 只要人性在，關懷就在／鄭美里 17
推薦序 幫助他人成長？愛說笑！／余德慧 23
1 前言 29

Part I 關懷是為了幫助對方成長

2 基本模式 35
3 人的成長vs.概念的成長 40

Part II

關懷的主要元素

4 了解 45
5 調整你的步調 48
6 耐心 50
7 誠實 52
8 信任 55
9 謙卑 58
10 希望 61
11 勇氣 63

Part III

關懷的各種面向

12 透過關懷而實現自我 67
13 過程最重要 69

14 關懷與被關懷的能力 71
15 關懷的對象要固定 73
16 關懷時產生的罪惡感 74
17 禮尚往來 76
18 關懷不是漫無邊際的 78

Part IV 關懷人的一些特定情況

19 關懷其他人 83
20 關懷我自己 89

Part V 關懷如何為生命排序，並賦予人生意義

21 關懷是一切價值的核心 95
22 關懷使我在世界上「就定位」 98

Part VI

以關懷為核心的生命，有哪些主要特徵

23 關懷「適當的」對象 103
24 活出我生命的意義 108
25 基本的確定性 115
26 活著的過程便已足夠 120
27 可理解性與深不可測 123
28 獨立自主 127
29 信心 133
30 感恩 136

〔推薦序〕

懂得．關懷．安身立命

方志華
台北市立大學
學習與媒材設計學系教授

這本小書雖然年代有點久遠，但書中處處充滿了歷久彌新的智慧箴語，有如空谷之跫音，讀完在心中留下一個關懷自己的迴廊空間、祕密花園，空氣中還留有咖啡香，可以不時深深地吸一下、靜靜地品味其芳香。

「關懷」這個主題看來如此嚴肅甚至有些說教，在作者米爾頓．梅洛夫（Milton Mayeroff）筆下卻像是一種內在的自剖揭露，作者既深入人性的核心，也出入於人心與人心間的真情實意。梅洛夫娓娓說出了我們真實的願望、需求、心理狀態、人性現象、矛盾掙扎，洞察了以關懷為生命核心，既呈現出「活著的過程便已足夠」的安身立命，也直指關懷會表現「無我」的生命本質。這既有如中庸所言「致中和，天地位焉，萬物育焉。」的人間白話版，也像是老子「聖人處無為之事，行不言之教；萬物作焉而不辭，生而不有，為而不恃，功成而弗居。夫唯弗居，是以不去。」的現代西方詮釋版。這特別要感謝本書中譯者在字斟句酌中、出入於文化的用心領會，才能讓我們讀來有融於東西文化的高度感。

我們常常會聽到一些「追求卓越」、「超越自我」的勵志口號。這其中潛藏著的，往往是競逐外求後的失去自我。我們也常常感受到生存競爭的壓力，而覺得自己都關懷不好了，哪裏有閒情去關懷別人。學者林火旺教授以「道德是幸福的條件」為題，論證人要幸福，就要以德行於世，條件是交換的，清楚明白。本書作者則以深入情感為依歸，提出以別人或自己的成長為目的，而去關懷別人和關懷自己。不論是何者，最後是相通的，關懷自己和別人不只帶來自己和別人的喜悅和成就，更重要的是在這交流、接納的過程中，生命互相得到滋養，過程本身就豐足，結果也有回饋意義，現代人常有的疏離無力感開始消退於無形。

但這樣的關懷學習，是個漸進的歷程，因為不只關懷的對象不可以操控，包括自己在內，也不可以預測。作者善於以東方禪式的吊詭語言，來表述活生生的存在狀態，正需要我們也以活生生的生命狀態與之迎面相對。

如在第十六章「關懷時產生的罪惡感」如此寫道：

「由於我認同於對方的成長，且某種程度上將對方的成長視為我的延伸，因此當我忽視對方成長的同時，我對自己的回應也不若以往。一如正直的人因失信於他人而背叛自己，忽視對方的成長也代表一種對自我的背叛，而良知會帶我回到對方跟我自己，當我修補與對方之間的裂痕，也就修補了我內在的裂痕。」

我與我所認同要關心的對象，像是鏡子一樣地面面相映，關懷創造讓我們真誠面對自我情感狀態的場域。每一個誤解或破裂，都在打開面對內在自我的契機，每一次的面對，都是在深入生命的底層，「重新檢討這份關懷」。

作者又在第二十七章「可理解性與深不可測」如此寫道：

「如果說可理解性（intelligibility）意謂在世界上安身立命（be at home in the world），人類最終的安身立命不是透過控制或解釋或欣賞事物，而是透過關懷與被關懷。」

這裏的「可理解性」像是我們常說的「懂得」，或「相悅以解」、「莫逆於心」。我們再如何地追求卓越，最後還是回歸到人與人間的互相懂得、進而互相關懷，這才是感受人間美好的本質。偉大的藝術作品、偉大的科技產品、偉大的政治宣言，最終也是在為人間的溫暖關情下註解和提供便利條件。我們自己生命本身的專注、情感流露的舒暢、四海皆可為兄弟姊妹的信任、愛情的無嫌隙等，這些都是以自己生命的關懷為核心，去聚合如此的因緣，成就如此的安立。吊詭地說，是生命本身的關懷意向，成就了有關懷能量的生命本質。捨此無他。

筆者研究美國女教育哲學家奈兒・諾丁斯（Nel Noddings）一九八四年的《關懷》（*Caring*）一書時，她書中特別提到「關懷的最高目的是為了幫助對方的成長和自我實現」，如今再次拜讀梅洛夫這本一九七一年的《關懷的力量》（*On Caring*）中文譯本，更直接感受到諾丁斯在論述女性對於關懷經驗的貢獻時，深刻地受到梅洛夫的影響。諾丁斯除了延續梅洛夫的論述以外，也提點了女性的生命經驗，更貼近梅洛夫所言在關懷他人中成長的狀態，不只女性應更覺察、肯定這一點，而是所有的人都應更覺知地懂得這人性的光輝，給其一份在安身立命中應有的「懂得」和珍重。

這是一本雋永的哲學小品，放在案頭忙碌中抽空隨手翻閱也可，齋戒沐浴後全心放空拜讀也可，一種回歸自我、不忘初衷、重新梳理的心情，即已靜靜在潛意識的最深處偷偷萌生，不只遙契梅洛夫這位美國男哲學家的智慧，也遙契古往今來眾多在自己的生命旅途中，曾有所懷疑、但終是無怨無悔無我地奉獻於所愛的人們。

〔推薦序〕

只要人性在，關懷就在

鄭美里
社區大學人文社會學術課程講師
讀書會、寫作班、成長團體帶領人

你相信人與人的相識、人與書的相遇，冥冥之中都有些說不清的緣分嗎？就像此刻你打開這本書，翻到這一頁……好吧，不論你的答案是什麼，至少我是相信的。就說我和《關懷的力量》這本書的邂逅，是在某天求知慾大發時（ps.有時這種癮頭會發作）上網路書店「衝浪」的結果。我忘了當時是因為精彩的書介、推薦序吸引了我的目光，還是因為書名本身光是讀著讀著，就覺得有一股讓人心安的氣息……總之後來，在「我的」這本薄薄的小書上，我忍不住畫了很多歪歪扭扭的線，比方說：

「當我要關懷另一個人時，我必須能用他的眼睛觀看他眼中的世界，以及他是如何看待自己，我既須能在他的世界中與他同在，以便從內在感受生命對他而言是什麼樣子，他努力想成為什麼樣的人，以及他的成長需要甚麼。」

「當我活出生命的意義，生命的一切便能被理解，這種『可理解性』跟我感覺被理解、受自己關懷密不可分，而另一極端的『不可理解性』，則是當我與自己脫節，對自己和自己的需求毫無反應，而且無法從自己的過去好好學習的時候。……這樣的可理解性並不會消除或扼殺驚奇，當一個人以充滿創造力的方式成長和生活，驚奇就會出現在他的生活中；但是如果他的成長受到嚴重阻礙，他的生活就會變得封閉，更遑論有任何驚奇可言。」

這些被我畫線的段落、語句，等於是我的擊節、讚嘆，而書頁上下的空白處還留下了我用色筆勾的許多朵小花，代表著「深得我心」、「吾愛」的意思。我感覺我閱讀這本書的方式，不只是用眼睛看、用心體會，更像是把它吃進來似的，滋滋有味地，**咀嚼回甘**！

我記得跟這本書相處的甜美時光，那陣子只要一得空，我便迫不及待捧讀，沉浸在書中所欲傳達的主旨，欣賞作者對「關懷」所展開的種種論證，從何謂關懷？為何要關懷——關懷之於生命的意義何在？如何關懷？關懷的要素有哪些？以及最後一章總結以關懷為核心的生命有哪些特徵？雖然本書作者米爾頓．梅洛夫是一位哲學教授，但書中簡明扼要的論述，相當平易近人，引人如入桃花源一般，優游其間樂不思蜀，它完全不像許多深硬艱澀的哲學書那樣令人望而生畏，閱讀《關懷的力量》時倒像是有一位亦師亦友陪伴身旁循循善誘，讓人感到如沐春風那樣愉悅。

「關懷」做為倫理學的一個重要議題，在教育學、哲學、女性主義、社會學、政治學，以及後來的環境社會學等學科中，都提供了發人深省的反思和行動。以我自己的求學之路為例，從解嚴前後的一九八〇年代到我讀研究所的一九九〇年代中期，當時台灣社會的學術主流以及我所受的訓練，都在強調「批判性的思考」，而我也確實從這樣的訓練中獲益良多。但，長久下來「批判思考」的習慣卻為我帶來了不快樂、壓力和緊張，直到我接觸到環境女性主義提到「關懷」的概念時，我感到大大的解脫，也找到了內在的力量。我自問「批判」的目的何在，難道不是為了愛、為了關懷嗎？從此我彷彿歷經了典範轉移，將「批判性的思考」視為工具和方法而非目的，「關懷」的概念滋養了我，成為我生活實踐的動力。這幾年有緣拜讀《關懷的力量》這本經典之作，更讓我能跟隨作者的思路，感受、思辨、學習如何能夠更好地關懷。

這本書該怎麼讀呢？相較於許多心靈或勵志類的暢銷書，作者在書中並沒有提出一大堆數據或研究證明，而是直抒胸臆地娓娓道來，且梅洛夫教授的文筆優美、洋溢著詩意和靈性，讀者若能打開心扉，相信定能從中獲得心靈的滋養和啟發，又如果能夠有三五好友組成讀書團體，討論書中重要概念、分享彼此的感想和經驗，一定也會使閱讀這本書變成一段美好的旅程和記憶。無論如何，《關懷的力量》之於我可說是心靈相契，書中對關懷的面面闡述，讓我在一邊閱讀時一邊不斷回想起自己的生命歷程：當我還是個孩子時，我曾得到哪些人的關懷？誰的關懷給我溫暖讓我受用，誰的不當關懷造成了傷害？我也想起在我青年階段，追求公平正義和知識的那些年，為了我所關懷的理念和理想曾是如何義無反顧、不怕艱辛，當時我所感受到的意義感，不正是書中所說「因關懷而讓生命就定位」嗎？中年以來，我做為一個社大教師，在成人教育的領域中和不同的生命互動、對話，經常思考著：如何更好地陪伴；真正深刻而有感動的學習是如何發生的；人與人應如何相互對待；人應如何生活；怎樣讓生命更有意義……走出學院派的理論和學術象牙塔，在真實的世界中，平日我的所思所感在閱讀《關懷的力量》一書時可說是全然地相呼應、相印證，這使我在閱讀本書時，彷彿得到大師的心法加持一般，非常給力，也提醒了我在與人互動、關懷她他人時，可以留心留意之處。

此外，閱讀《關懷的力量》也讓我想起生命中遇到的很多人，有些人活得踏實又豐盛，但也有不少人的生命卻像是卡住了，被恐懼和慣性給綁架。仔細再想，那些活得精彩、煥發生命力的人無一例外都是有所關懷的人；因為某些傷害或阻礙，無法發現、發展生命中的關懷，則是人生很大的剝奪、遺憾和失落。因為這本書的緣故，我常會回頭問問自己：我是否足夠地關懷自己？學習真正地關懷自己，不只是一句「愛自己」的流行口號，因為懂得關懷，我感覺腳下的生活、身旁的世界都變得不一樣，生命也變得有力量。

因我從這本書深刻地獲益，於是我便經常想著如何能善用關懷來對待我所遇到的人，也時時把握機會向人推薦這本好書。雖然市面上有許多心靈勵志類的書，而《關懷的力量》一書距離原著出版的一九七一年也已近半個世紀，在瞬息萬變的這個時代，半世紀大概就像「星星、月亮、太陽」那樣古早而遙遠了吧！但，我相信只要人還存在、人性還存在的一天，《關懷的力量》這本書所闡揚、所教導和分享的智慧就永遠不會過時。

〔推薦序〕

幫助他人成長？愛說笑！

余德慧
前東華大學、慈濟大學教授

這本小書從出版到現在已經三十多年，作者的聲名早被遺忘，但從今天世界的情況反過頭來回顧這部前現代的作品，不能說是徒然無益。當然我們的後現代處境受到各種虛擬環境的控制，可是在人文思維到底我們離前現代有多遠，在局中的人無論如何也看不出來，只有把參考點放在己身事外的一個點上，我們才從差異反身自我瞭解。

我們當然無法贊同返古主義者，以外在的參考點為基準來批判自身，但也無意以現代的觀點批判舊時代的思維。有個對我們有益的方式是視域的融合：雖然視域融合經常被濫用，但閱讀本書卻是極為適切的。視域不是你看到內容的what，而是何以如此思維的how。只要你願意沉靜觀讀，視域融合會自動發生。

首先你會注意到，本書以一股安定的氣息談關懷的內在種種，這對於不斷承受地震海嘯、金融海嘯、歐債危機的我們，可說是失去的烏托邦。尤其一打開書頁第一章就說，「關懷就是幫助對方成長」，我突然有點暈眩，待回神過來，仔細反思我的生命經驗，我知道當台灣還在貧困的農業時期，我的學校到處都是「我為人人，人人為我」的標語。人們之間關懷互助是生活所必須的，例如家裏沒米，缺油缺蔥，向鄰居「暫借不還」是常有的事，老人家生病需要村裏的壯漢來背，喜喪黑白事鄰居要幫忙，農忙割稻相互代工，所以，幫助他人不是難事，但是若要深化「幫助他人成長」就有疑慮：幫你成長，你會幫我嗎？這裏就碰到自我的界線，所以作者說，如果利用他人來圖謀自己的成長，就不是關懷，當年的農村生活其實就是遊走在這兩端。在現實裏，我們可以幫忙，但不要幫到「要能使對方成長」，但是碰到關係深厚的人，就得另當別論。

時至今日，由農轉商，加上E化，「交換」的無限上綱，使得關懷成了被掩埋在地下只露半截的東西。多數所謂的「關懷」是屬於短線操作，我捐款、慰問可以，但別讓我花時間。但是不肯施捨時間，所謂關懷的DNA，如信任、耐心、誠實、謙虛、勇氣、感恩大概都丟失了。

最近我更發現，「關懷」有更便利的短線：人們利用社交網站書面關懷，問候、祝福、慰問都以文字為唯一的意指，人們已經不把問候話語的內容以真材實料加以充實，許多真實的聚會、促膝長談大多已是昨日黃花。

這是否意味著我們這世代教關懷空洞化了？如果看到父母重新定位自己與子女的關係為朋友時，他們是否也用臉書溝通？就如一位父親感慨說，沒想到管教小女兒是用臉書，言下不知其可也。

問題當然不見得是表達形式的問題，而是我們已經忘卻了真材實料的滋味，只剩下語言符號做為虛擬的真實。就本質來說，無論語言如何甜美，表意如何精彩，最終還是等待能與真實一致，可是我們卻過著兩種平行的生活，一為虛擬網路的活著，一是實質的活著，彷彿是兩種人。尤其在真實裏我們寧可孤獨對著電腦，即使在網路上充滿了人情味。

本書在出版時還沒有網路，所以作者以真實面做為論述的主旨，卻教我們突然對自身當代的處境有些悲切，生活寬裕並不能帶來幸福，反而連關懷的基本面都快丟失了。如果世界經濟結構繼續惡化，這世界只剩窮人與富人，關懷的意義會變成什麼樣子？富人為了避免窮人反撲而做的施捨行為，就叫做「幫助他（窮）人成長」？窮人為了自身的生存向富人抗爭，也叫富人學習斂貪，是不是也是「幫助他（富）人成長」？

我們很清楚，我們似乎已經回不去古典時代，但我們還是相信，關懷做為人性的複合感情，依舊存在於人們的質樸之心，而對後現代的造作所造成關懷的扭曲，必須時時加以批判，我們寧可花一個晚上寫一封信問候長輩或勉勵晚輩，也不要用電子郵件，寧可那麼傳統地躲在房子裏給壽星驚奇，也不要丟個電子卡片。這些需要血肉之軀去做的事，不要假手「虛擬手段」。

有時看到一些人洋洋得意的E化，我卻感到絕望，所有的E化無非要把某個目的性的任務更有效率的達成，但是真正的情意卻在生命氛圍裏，我們喜歡茶館、小館子，正因為那伙計、小二、客官的情意，這才是道地的關懷。

奉勸本書的讀者，我們應當考慮如何把關懷還原回去，回到生命的感知裏，讓信任、寬恕、締結成為真材實料，充實於我們空茫的E腦袋。

（編按：余德慧教授是國內知名的心理學者，長期關注心理學、生死學、宗教現象學等，也是《張老師月刊》的創辦人之一。他於二〇一二年過世。）

I 前言

關懷一個人，就其最重要的意義來說，就是幫助他人成長並且實現自我。例如一個父親關懷子女，會尊重子女為一個獨立的個體，而且正在為成長而努力的事實，這個父親感覺到被子女需要，並回應子女對成長的需要以幫助他們成長。若只是利用對方來滿足一己之私便完全不是關懷，我要說的「關懷」，不可以跟「祝福」、「喜歡」、「安慰」、「撫養」混為一談，也不光是對他人發生的事感興趣而已。關懷不是針對單一事件的感情或一時的關係，也不是想要關心某人那麼簡單的事。由於關懷是幫助他人成長並實現自我，因此它是一個過程，並且與他人的成長發展產生連結，而且透過互相信任，關係的品質改善而且深化了，友誼也才會滋長。無論是父母關心子女、老師關心學童、心理治療師關心病人、還是先生關心太太，我想要說的是，它們都展現共通的模式。此外，我們除了關心人，也可以關心許多事物，例如我們可以關心自己的「智慧結晶」（一個哲學見解或一個藝術方面的發想〔idea〕），我們也可以關心一個理想（ideal）、或我們所在的社區（community）。同樣地，無論關心一個人或一個發想之間有甚麼重大差異，其模式是共通的。本書要描述並探索的，就是這種關懷的共通模式。

「關懷」以其本身為核心，會將人生命中各種價值與活動加以排序。當一個人關懷的面向甚廣，參與排序的內容豐富而且全面，這時在他生命中就存在基本的穩定性，他在這世界上「就定位」（be in place），不會沒有歸宿、隨波逐流或不斷尋找自己的定位。人們透過關懷某些人，透過關懷來滿足他人的需要，於是活出了自己生命的意義。一個人能夠在這世界上安身立命（be at home in the world），不是透過控制、解釋或欣賞，而是透過自己與他人的互相關懷。

這本小書要探討兩個相關主題，一是對於關懷的普遍性描述，並說明關懷如何賦予生命全方位的意義與秩序。「關懷」和「就定位」這兩個概念，可以幫助我們有效思考人類的處境；更重要的是，它們可以讓我們對自己的人生有更多的了解。

雖然「關懷」和「就定位」或許無法闡明人生中許多重要的事，但我相信，它們可以幫助我們了解人生某些最最重要的事。

Part

I

關懷是為了幫助對方成長

2

基本模式

關於「關懷是幫助他人成長」，因此我關懷的對象既是我自己的延伸，同時也分立於我之外，我尊重其為獨立個體，無論那是一個人、一個理想還是一個發想。感覺對方是我的一部分，不同於寄生關係中對另一個人的病態性依賴，也不是謹守教條死抱某個信念不放，因為我在這兩種情況下皆無法感受到對方為獨立個體，也無法真實不虛地給予回應（作者註：為了帶出關懷在一般情況下的應用，我將以關懷它稱之，除非我所指的顯然是人）。當我謹守教條死抱著某個信念，我的執著令我感受不到這信念獨立於我之外，也無法確實檢視它並尋求其意義，遑論判斷信念的對錯。

在關懷時與對方的連結，與寄生關係的結合還有一個差別。我不試圖去支配或擁有對方，我希望對方以自己的方式成長，就像我們有時會說「要做你自己」（to be itself），而我會感覺到對方的成長與我自己的幸福感息息相關。我從關心對方所感受到的價值，遠超過對方因為滿足了我的需要而帶給我的價值。對於關懷子女的父母來說，孩子除了滿足父母的需要外也有自己的價值；對關心自己作品的音樂家來說，音樂除了為他所帶來的一切，也具有它自己的價值。換言之，我感受到我關懷的對象有其自身的價值。

我在付出關懷時，會感受到對方有成長的潛能與需求，例如，我會感到一個概念具有發展性、充滿生命力或是有前途。還有，我會感覺到對方為了成長而需要我；試著想像一下，有時我們被另一個人、一個目標或一個理想所需要的情況。那不光是指我在絕對知性的意義上了解對方有需求必須被滿足，而我能滿足這些需求；而且，當我感受到被對方需要，並不代表我有左右彼此關係的力量，也並非給我某樣東西供我支配——那是一種信賴，我被賦予關懷對方的任務，某種程度上與占有以及任由自己操縱完全相反。

我們說藝術家感覺他的「智慧結晶」擁有自己的生命，它奮力成長而且為了成長而需要他，這不表示他相信它有意識與情感，而只是描述藝術家對於其作品的感受，這就是為甚麼我們會說「要尊重藝術作品的完整性」。當我們看見一間屋子覺得有「個性」或有家的感覺，類似的擬人化說法並不表示我們有不合常理的期待，因而扭曲了我們的認知。然而以下的事情還是成立的：沒有藝術家的幫助，藝術作品將無法成長與發展；在人類的特定情境之外，要說某個藝術作品充滿了生命而且正在奮力成長，那是毫無意義的。

當我幫助對方成長時，不會強迫他或它接受我的指示，而是讓他或它成長的方向引導我，幫助我決定該如何回應，以及這樣的回應有哪些該留意的地方。對方是獨立的個體，他的需要應該受到尊重，就好像有時我們在探索時，會說：「我們跟著主題走（We follow the lead of the subject matter）。」

別把對方成長的方向跟「受人支配」混為一談，在受支配之下所形成的順從當中，我和我自己、和對方都脫了節。而當我跟隨著對方的成長腳步時，我對自己的反應會更敏銳，就好比當音樂家專注投入於其作品的需要時，他與自己也更親近。

我給對方的任何指示，是基於我尊重他的完整性，用意在使他進一步成長；而我表達這份尊重的方式是——我會判斷自己所做的一切是否能促進對方成長，並且以此做為我行動的依據。

全心付出（devotion）是關懷所不可少，也是友誼不可分割的一部分；那是把自己交託給對方以及混沌不明的未來。全心付出並非可有可無的元素，好比人們會說自己關心而且全心付出。不全心付出也就無所謂關懷，再說一次，全心付出不僅衡量關懷的程度，而且正是透過全心付出，使得你對對方的這份關懷有了實質感與自己的特色，而關懷就在克服障礙和困難的過程中逐漸萌生。我的全心付出建立在我從對方身上感受到的價值，這樣的付出代表我整個人，而不僅是知性或感性的部分。從特定時間點觀之，當我不退縮、不猶豫地來到對方身邊，就表現我的全心付出；從一段時間觀之，當我在逆境中依然不離不棄，遇到困難願意克服，我的始終如一便展現我全心付出。這樣的始終如一令人感到自由且表現出我的意志，不同於強迫之下的僵硬，那會令我身不由己，使我感覺受到在我之外某種東西的驅策和負擔。

全心付出所衍生的義務（obligation），是構成關懷的元素，這些義務既非強加於我身，也非必要之惡，我「應該做」的事即是我「想要做」的事。半夜抱著生病的孩子去求醫的父親並不以此為負擔，他只是在關懷自己的孩子。同樣地，為了弄懂某個哲學概念，而需要再三省思相似與不相似的觀點，也不是一個強加於己身的負擔——因為我關心這個概念。

將關懷理解成「幫助他人成長」就是關懷的基本模式，我感受到對方既是我的延伸，也是獨立的個體而且有成長的需要，對方的發展與我自身的幸福感是綁在一起的，而對方的成長使我有被需要的感覺。我在對方成長的方向指引下做出正面的回應，並且全心付出以滿足對方的需求。這個模式在接下來的篇章中將繼續去釐清與發展，並且會描述關懷的主要成分與一些具啟發性的觀點。為了對這個模式做普遍性的描述，我通常會說關懷「對方」，但在關懷的實際案例中，被關懷的人或物一定是明確的：例如作家關心「這個」發想，父母關心「這個」孩子，市民關心「這個」社區。

3 人的成長vs.概念的成長

雖說我的目的並不是要探討成長與自我實現的本質，但因為關懷就是幫助對方成長，因此簡單談談關於人的成長，以及一個哲學概念（例如「關懷」）的成長，對我們的討論將會有所幫助。以下要討論的人的成長是很一般性的描述，然而在比較具體的層次上，兒童長大成人、不成熟的大人成長為成熟的大人、或是成熟大人的成長，都是不同的情況。

幫助他人成長，至少是要幫助他去關懷他自身之外的人或物，鼓勵並協助他找到、並創造他特有的且能夠去關心的領域。此外，我們在幫助他人成長時，是要讓他漸漸懂得照顧自己，而且他能夠回應自己對於關懷的需求，因而更能夠為他自己的生命負責。成長還包括盡可能地學習——當學習的主要意義在於透過整合新的體驗及想法來進行「自我的再造」，而不僅是資訊和技能的累積而已。我也會因為自己變得更有主見而成長，懂得根據經驗來決定自己的價值觀和理想，而不是單純地遵循主流價值觀，或者為反對而反對地抗拒。我更有能力做自己的決策，也更願意為這些決策負責；我能管束並約束自己，以尋求並獲致對我來說重要的事物。人也會因為對自己更誠實、更意識到自己是屬於所處的社會與自然秩序的一部分而成長；而由於他能夠幾近不帶幻覺地看待自己，也就更能領會手段與目的的客觀架構。

我可以藉由發掘和探索關懷的核心特質，來幫助「關懷」這個哲學概念的成長。它的應用範圍會更寬廣而且更清晰，當各種看似不相干的活動（例如養兒育女、教學、繪畫、心理治療）提供了展現關懷的機會，彼此便產生了關連。當成長朝向普遍性的方向發展時，在特定的面向上也會成長：這些概念可幫助我們更了解特定的活動，例如在教學與藝術創作方面，發現更多新鮮有趣的事物。「關懷」的概念，透過它與「信任」、「誠實」、「謙卑」等重要概念的關係而得到發展，甚至當它面對例外的事物時，也能得到成長。這樣一來，從一組連結鬆散的想法中，開始有一根牢固的細絲浮現，它們互相交纏與強化，於是深化彼此的意義，使道理更加清晰。隨著這樣一個概念的成長，人們將更深入理解關懷的基本假設、能發揮甚麼作用，而且對於關懷概念的進一步發展甚麼是相關的或不相關的，有更清楚的想法。我不僅是透過發掘和描述關懷的必要元素來幫助「關懷」這個概念的成長，我也從更廣泛的情境中思考關懷的意義，看看它在人的一生當中，如何以及能夠如何發揮作用。

Part

II

關懷的主要元素

4 了解

有時人們談論關懷的樣子，彷彿關懷不需要了解，關懷一個人只需要善意或溫情，殊不知關懷他人必須了解對方的需求且能做出適當的回應，徒有善意顯然不足以確保做到上述兩點。為了關懷某個人，我必須先了解許多事，好比說對方是怎樣的人、他具備哪些能力、受到哪些限制、他需要甚麼，以及哪些事有助於他的成長。我必須懂得回應他的需求，了解我自己的能力與限制，而這樣的理解既要是普遍性的，也必須是特定的。例如作曲家不能光是普遍性地了解音樂，也不能只是懂得特定的音樂見解，為了照顧好他的作品，他一定要兩者兼具，普遍的與特定的理解缺一不可。作曲家運用自己對作曲的普遍性知識來關心某個音樂作品，而他也因著關心這個作品，而學到更多作曲的普遍性知識。

我們在關懷的過程中，可能有不同的理解方式。有些事我們清楚明白地知道，有些則是隱約了解。清楚知道某件事，就是能敘述自己所知道的，能將它化為文字；隱約了解則是只可意會，例如我們對好朋友的了解多過言語所能表達。其次，「知其然」也不等於「知其何以然」。一個人可能深諳教學理論，卻不知道怎麼教。第三，「親身了解」也不同於「間接了解」。親身了解意謂著直接遭遇，領會它獨立存在的本質，而不光是指感受。當我關懷的時候，我是直接去了解對方，我感受到與對方的連結，同時也覺察到對方的分立性和個人性。例如關懷學生的老師親身了解學生是一個人，感受學生是個獨立的個體，而不是全都一個樣子，更不是老師用來擴張自身影響力的工具。相反地，間接了解是指知道某件事，有這方面的資訊，或許我間接知道了某件事卻沒有親身體驗，或者是我可能有所感卻沒有真正去了解。

所以，關懷包括清楚和隱約的了解、知其然和知其何以然的了解，以及親身與間接的了解，這些都以不同的方式產生關連，而幫助對方成長。我們不知道自己在關懷對方時究竟了解多少，重要的理由之一是，人們有時會武斷地將理解限縮到自己能以言語表達的範圍內，而不認為隱約的了解、知其何以然的了解、間接的了解也是了解的方式。用這種方式來限縮了解的意義，和假設只有文字才能夠用來溝通，並且將溝通的意義限制在以文字表達的範圍內，同樣是失之武斷。

5 調整你的步調

當老師的我，會試著把一些概念解釋給學生聽，看對方是否能領悟，若是不能，我就再試試別種方式。或者，身為作家的我，會試著把某個想法化為文字，然後再回頭讀一遍，如果覺得不好就再試試其他的寫法。無論是老師還是作家，我抱著某些期待做某件事，感受或承受自己行為的結果，然後將這兩個階段連接起來，看我的期待是否實現。純粹出於習慣不足以關懷他人，我必須能從過去的經驗中學習，檢視自己的行動導致甚麼樣的結果，是否幫得上忙，而後根據結果決定繼續保持或是修正我的行為，以便更能幫助對方。但是，我們應該從廣義的而不僅是從行動的概念來理解「作為」(doing)，即使我都是在對對方採取行動。「作為」也可能包括「不作為」(doing nothing)，例如我關懷一個人的時候，有時不讓自己一股腦兒地栽進去，我不選任何一邊站，這時我就是「不作為」。當我「不作為」的時候，我一樣去看它造成的結果，據此來改變我的行為。

另一種調整腳步的方式，在關懷的過程中也很重要，就是你可以選擇在狹窄或寬闊的架構之間變動。有時我在關心孩子時，會將某個舉動當成相對獨立的單一事件來檢討，而不將它與前後的事情連結起來；又有時候，當我在較大的架構內檢視某個特定舉動在大範圍中的關聯性，就能分辨出趨勢、長期影響、與傾向。把某個缺乏安全感的舉動視為相對獨立的事件是一回事，將它視為表達缺乏安全感的一般模式，又是另一回事。或者當我在思索某個概念時，有時我會將其中某個細節視為是相對獨立的，有時我會從這個細節跟其他想法或特定的論文或一本書的關聯性來檢視它。當我去探討某一章如何成為一本書的一部分，可能會改變我對這本書的想法，或改變我對這一章的看法。而且很明顯地，過去我們視為相對獨立的某一章，如今卻可能發現它提供了更寬廣的脈絡，可幫助我們理解其他篇章的內容。

6 耐心

耐心是關懷的重要成分。我使對方得以依照他自己的步調，用自己的方式成長（重大想法的成長與花朵或兒童的成長一樣，也不可以揠苗助長）。當我耐著性子，等於是給對方時間，讓他用自己的步調找到自己；而沒耐性的人不僅不給對方時間，還經常拿走對方的時間。假如我們知道某人對我們不耐煩，或者我們對自己不耐煩，那麼就連原本擁有的時間可能都會變少。

耐心不是消極地等待某件事發生，而是付出自己的全部，來參與對方。單純從時間上來理解耐性可能有誤導之嫌，因為我們也給予對方空間。耐心傾聽心情煩亂的人，來到他的身邊，就給了他空間來思考與感受。如果不從空間和時間的角度，而是說這個有耐心的人給予對方生活的「餘地」，或許更接近事實。他擴大對方生活的餘地，而不耐煩的人則是限縮其範圍。

耐心包括容忍某種程度的困惑和錯亂，但這種容忍並非嚴守「我應該容忍」的規定，也不是對對方漠不關心，容忍是因為我尊重對方的成長，以及我能體會成長所特有的「浪費」與即興演出。

關懷他人的人會有耐性，因為他相信對方一定會成長，但我除了對對方有耐性，我也對自己有耐性，我必須給自己學習的機會，去認識並發掘對方和我自己；我必須給自己關懷他人的機會。

7
誠實

誠實在關懷過程中帶有積極的意義，而不只是不做某些事，例如不說謊或不蓄意欺騙他人。

俗話說「要對自己誠實」（to be honest with oneself），說明誠實還包括要積極面對自己，敞開心胸接受自己。在關懷的時候，我誠實地如實看待一切。我在關懷對方時，必須如實看待對方，而不是將對方看成我想要的或我覺得必須要是的樣子。如果我要幫助對方成長，就必須回應它不斷改變的需求；假如我必須以某種方式看待對方，假如我只看得到我想看到的，我將無法如實看待對方。舉例來說，抱持偶像崇拜心態的人就難以付出關懷，因為崇拜偶像會使我們不能做出真實的回應。即使事實令人不愉快，我依然尊重它們，因為唯有將這些事實當成一回事，我才能與對方接軌，而後關懷對方。但是，我除了如實看待對方，也要如實看待自己，我必須看清自己在做甚麼，認清我所做的究竟是對方成長的助力，還是阻力。一個作家要有勇氣正視自己是否比較感興趣的是證明自己是對的，而不是檢視和發展某個想法，或是他比較感興趣的是發表作品，而不是將某個見解發揚光大。

即使我誠實，我仍有可能出錯，但我會努力試著有錯必改，並從錯誤中學習。我想要關懷他人的努力，將會超越我在持續扭曲的關係中所能獲得的利益。我誠實地關懷他人並非基於利害考量（例如「誠實是最好的政策」），彷彿誠實只是關懷的一種手段而已；而是因為，誠實是關懷他人所不可或缺的。

在關懷他人時，誠實也會以各種方式呈現。我必須發自內心去關懷他人，換言之我必須「說真話」。我的言行與真正的感受之間不可以存在明顯的歧異。在對方需要時來到他身邊，好讓對方在我需要時也來到我身邊，那麼我必須對對方坦誠。當我隱藏真實的自我，就無法以獨立的個體與對方連結；也就是說，如果我比較關心自己在對方眼中的樣子，而不是我如何看待對方的需求並給予回應，我就不能以完整的面貌來到對方面前。必須不斷證明自己有多麼關心孩子的父母，便無法全心全意去關懷他的孩子。

8 信任

關懷是信任對方用自己的步調以及方式成長，認同對方存在的獨立性，換言之對方是「另一個人」。當我關懷一個人，我相信他會犯錯，也相信他會從錯誤中學習。我們信任孩子現在會根據自己的經驗和能力做決定；當被關懷的對象領悟到「他信任我」，便會以行動證明這樣的信任是正確的，同時相信自己將會成長。當我們試圖理解某些思想時，讓這些思想帶領自己，讓條理從想法中萌生，就是在展現我們的信任。當我們完全領會了這些想法，因而知道自己在做甚麼，而後讓這些想法接受他人的檢視與批判，我們也是在展現信任。信任對方就是放手，其中包括冒險和一頭栽進未知的境地，兩者都需要勇氣。

試圖支配並迫使對方按照既定的模子行事，或要求對方保證會有甚麼樣的結果，甚至是「管太多」，都是缺乏信任的表現。學校的教育或是宗教，是以學說或教義的灌輸為主，不容許人們針對受教的內容提出質疑和反思，就是源於對對方缺乏信任。懼怕並逃避未知的人、總是要確知最後會怎樣的人，無法讓對方以自己的方式成長。而且，他會越來越無法回應對方的需求。

「過度關心」、「過度保護」孩子的父親並不信任孩子，無論他對自己的所作所為抱持甚麼想法，他與其說是回應孩子成長的需求，不如說是在回應自己的需求。他看不到孩子想要獨立自主並且為自己負責。病態的依賴在本質上就與信任不相容，因為只要對方露出獨立的蛛絲馬跡，就會被解讀成威脅。

信任對方會成長並不是不分青紅皂白，信任的基礎是建立在積極促成並護衛所有可達成信任的條件。關心學生的老師相信學生在鑽研自己的研究計畫時將找到自己的方式，而這些老師的信任基礎，在於給予學生協助、鼓勵，讓學生接受相關的且能夠起激勵作用的體驗。唯有信任自己會成長，不去強迫自己成為自認應該成為的樣子，這樣的人才能夠信任他人會成長。

除了信任對方，我也必須信任自己有關懷他人的能力。我一定要相信自己的判斷力跟從錯誤中學習的能力，換言之，我一定要信任自己的直覺。一位哲學作家，必須信任自己對於何者重要和何者相關的感覺，才能據以判斷見解是否正確，何時應該捨棄。教師必須信任自己有能力營造有利於學習的氛圍，信任自己能夠從學生的反應中了解哪些可行、哪些不可行。父母必須相信自己懂得判斷從而知道何時必須堅守立場，哪些看似不相關的事件實則可能形成持續的習慣性模式。滿腦子總想著自己行為是否正確，表示對自己缺乏信任，一味把注意力放在自己身上，也就會對他人的需求無動於衷。

9 謙卑

關懷時的謙卑會以多種方式呈現。首先，由於關懷是回應對方的成長，因此關懷包括不斷去了解對方，也就是說，永遠有可學習之處。關懷他人的人抱著謙卑的心，隨時準備好而且願意更了解對方與自己，以及去了解和關懷的行為有關的一切，包括從被關懷的人身上學習，例如教師向學生學習、父母向孩子學習、藝術家向作品學習。基本上沒有甚麼東西不如我，跟任何事物學習都不可恥，包括跟我自己的錯誤學習。那種「沒甚麼可學」的態度與關懷是不相容的，已經完全「了解」孩子的父親、認為自己對自己的國家已經夠了解而不需要再學習的「愛國份子」，這樣的人談不上關懷。此外，關懷的人懂得「歸零」，無論經驗多豐富，但眼前的問題永遠只適用於當下的嶄新狀況，而這種狀況一般來說並不只是歷史的重演，只需要機械性地應用各種原理即可。

領悟到自己的關懷行為不享有任何特權，這就是謙卑。重要的不在於是否我的關懷比你的關懷重要，而是有能力關懷他人，而且有可以關懷的對象。當我一味在意誰的關懷比較寶貴，就會使我遠離關懷，我變得比較在意自己，在意是「我」這個人在關懷他人，而非去關心對方的成長。

此外，關懷本身表現了更廣義的謙卑，也就是不再認為對方的存在只是為了滿足我的需要，對方僅是有待克服的障礙或是等著任我隨意塑形的黏土。關懷包括克服那種傲慢，亦即以犧牲他人的權力來誇大我自己的權力，使我不了解無論我完成了甚麼事，都需要仰賴各種我幾乎無法控制的條件的配合。謙卑也意謂著克服狂妄的態度，我無需刻意展示自我也無須隱藏，無須擺出某種姿態也無須忸怩便能呈現自我，而由於我不裝模作樣，也就不會因為別人看到我真實的面貌而自慚形穢：當我坦誠以對，別人也就無需看透甚麼。關懷表達出這種廣義的謙卑，因為它體認到對方也有自己的整體性。

關懷使我更真實體會自己的限制與力量，我不怨恨也不美化自己受到的限制，而且我會因為成功發揮力量而感到驕傲，例如母親驕傲地體認到自己幫助孩子長成一個獨立而且負責任的人，哲學家為始終如一地鑽研一個重要見解而感到驕傲，這樣的驕傲完全不同於虛榮，不是因為贏了而沾沾自喜——這樣的驕傲當中並沒有傲慢自大的成分，不但沒有將我與他人切開，反而擴大了我的世界，使我更貼近自己和他人。為工作的成就感到驕傲並不是自負，它並不扭曲，而是伴隨著誠實的覺察，覺察到我所做的事，以及我是多麼仰賴他人的合作與各種條件的配合，就這層意義而言，驕傲與謙卑並不牴觸。

10 希望

「希望對方因為我的關懷而成長」屬於一般性的希望（hope），某些方面類似於春天到來而產生的希望。別跟一廂情願和不著邊際的期待（expectation）混淆了。希望並非表示當下的不足，而是表現了當下的豐盛，一個充滿可能性的當下。例如我關懷孩子時，希望他們因為我的關懷而成長，這個希望實現的可能性令我大受鼓舞；相反地，一旦沒有繼續成長的可能，絕望也跟著來了。

在關懷時產生對未來的希望，會提升當下的重要性；然而這不是將當下附屬在某個更高的東西之下，把當下變成單純的手段。一個無法信任孩子為獨立個體的父親，或許對孩子懷抱偉大的「希望」，但這些希望無關於對這孩子現在的覺察，而是會把當下朝著「更真實的未來」盡量推遲，相信到時候孩子肯定會做出一番「成果」，殊不知這樣的希望其實是將當下消耗殆盡了。

當希望展現具無窮可能的當下，便會凝聚能量並且啟動你我的力量。希望並不是消極等待某件外來的事情發生，不是單純對對方的希望，而是希望對方透過我的關懷而自我實現，因此勇氣便成為希望的重要的一環。此處所指的勇氣，包括在艱困的狀況下依然陪在身旁，以及奮不顧身為對方冒險，如果我不相信自己在困境中會為對方挺身而出，那麼對方因為我的關懷而成長的希望便必然難以實現。但是，勇氣不僅讓希望成為可能，希望也同樣使勇氣成為可能，因為希望意味著有一件值得付出心力的事存在或可能存在。另一方面，凡事不抱希望將逐漸吞噬價值感，於是所有我想為其挺身而出的事也將消失殆盡。換句話說就是，絕望會消弭勇氣，讓生命力乾涸。

II 勇氣

進入未知的境地時，就會萌生勇氣。我追隨一個主題的引導或孩子成長的方向並無法保證結果，也不確知最後我會處在甚麼不熟悉的情況下。熟悉的路標帶來的安全感不見了，我無法百分之百預期對方會成為怎樣的人或物，也無法預期我會變成怎樣的人。藝術家的勇氣就是不追逐時尚走自己的路，在過程中找到自己並且做自己。這樣的勇氣並非盲目，而是根據以往經驗獲得的洞見，且對當下保持開放和警醒。信任對方必然會成長，信任我有能力關懷他人，將給予我勇氣走入未知。在缺乏勇氣的情況下進入未知便不可能信任，當我們在關懷時，愈是強烈感受到自己進入未知的境地，也就需要愈多的勇氣。

Part

III

關懷的各種面向

12

透過關懷而實現自我

在關懷當中，對方是主角，對方的成長是我關注的焦點。教師的興趣聚焦在學生而非自己身上，若是教師讓自己成為關注的焦點，只會妨礙他對學生的關懷。唯有聚焦在對方身上，我才能回應他成長的需求。

關懷中存在「無我」的精神，與人在慌亂時或在某種服從之中失去自我非常不同，而是像我全神貫注在由衷感興趣的東西時的那種無我，也像是當我「更加做自己」時的那種無我。這樣的無我包括更敏銳的覺察，對對方和我自己做更快速的回應，以及更徹底地運用我特有的力量。

我在關懷對方、幫助對方成長時，也實現了自我。作家在關心自己的見解當中成長，教師在關心學生當中成長，父母在關懷子女當中成長。換句話說，我因為發揮信任、理解、勇氣、負責、奉獻和誠實等力量而得以成長，我能發揮這樣的力量，因為我把興趣聚焦在對方身上。

除了對方因為成長而需要我之外，如果我要做自己，也要有可以讓我關懷的對象。就好比教師需要學生，一如學生需要教師；哲學家需要有具發展性的思想，一如那些思想需要這個哲學家。但是當我們說如果我想做自己便需要對方，並不代表我基本上把對方當作是手段，對方的存在僅是為了滿足我個人的需要。我並非為了實現自我而試圖幫助對方成長，而是藉由幫助對方成長，使我的自我得以實現。我對於對方的依賴，和尊重與助長對方的整體性是密不可分的，這點和寄生關係大不相同。我在寄生關係中想要占有對方，無法將對方視為獨立存在的個體，於是關懷他人與關懷我自己之間，便可能產生衝突。

13 過程最重要

關懷最重過程而非結果，因為我唯有在當下才能照料對方。問題永遠是，如何在此時此地對這個人或這個思想做出回應，亦即我們永遠都該從當下的立足點來處理現有的一切，也唯有處在當下才可能控制。當一個人平常就對過程感到不耐煩而且想完全抹煞過程，代表他對成長的真義一無所知。當我們付出關懷的當下，並不會將過去和未來的重要連結切斷，因為來自過去的意義和洞見使得當下更豐富，而對未來的期盼（例如成長的新潛能）也使當下更充實。但在此同時，過去與未來使我們對於當下的成長機會更敏銳；對當下的興趣和需要，也會決定了過去與未來的整體特質，並判斷過去有哪些意義與洞見和當下有關，有哪些可能性對當下是真實且重要的。

過程最重要，並非否定預期的目標和整體目標的重要，因為這兩者對當下的方向與意義都有所幫助，例如想像一下，藝術家如何預想一件作品完成時的樣子，心理治療師如何看待其治療效果。但如果不認真看待當下（過程），基本上把當下視為必要之惡或只是進入未來的手段，因而將當下隸屬於未來（結果），那麼關懷也就不可能。

此外，關心「現在」才是對結果真正感興趣，因為產品是經由過程而產生的，或者說，過程就是製造中的產品。換言之，要測試我是否真的關心未來（亦即尚未到來的當下），我對於當下有多關心就是一個指標。過程最重要還有另一種詮釋方式。我們都知道關懷也包含關懷者的自我實現，因此作家的成長是在思索與關心思想的過程中發生的，而不是在書完成的時候。當他完成著作，伴隨而來的滿足感逐漸消失，這時真正重要的問題變成：「現在我該關心甚麼呢？」

14 關懷與被關懷的能力

有時關懷需要特殊的悟性跟訓練，換言之，我除了要有一般的關懷能力外，也要能夠關懷特定的對象。關懷一位心理疾病患者，需要對人際關係高度敏感與專業的訓練；演奏貝多芬鋼琴奏鳴曲時的關懷，需要對音樂的深刻理解和完熟的技巧。

假如我要關懷對方，一定要具備關懷的能力，換言之，我一定要達到能關懷對方的程度，只是想關懷對方並渴望對方成長是不夠的，我一定要能幫助對方成長，一如我必須能關懷這個對方，而這個對方也必須能夠被關懷。如果病人在某種程度上並不真的想成長，那麼心理治療師也使不上力。我們有時會說某個人「不給任何人機會去幫他」。假如某個人的腦部受到大面積的損傷，因而無法有實質意義的成長，或許我會安慰他並且關心他的福祉，但我對他的關懷卻無法幫助他成長；同樣地，有些思想因為缺乏深度而欠缺成長空間，我們會說這些思想是「死的」或「木頭一塊」。也就是說，這些思想無法被關懷。

15 關懷的對象要固定

關懷想當然爾要是連續的，若是不停地更換對象，關懷也不可能成立。關懷的對象必須固定，因為關懷是一個逐步發展的過程。例如，人在劇烈變動的社會中可能會變得無所適從，想忠於自己的社群就益發困難，在這種情況下，我們待在一個地方的時間還不足以培養任何忠誠感，而奉獻和信任之類的力量也尚未有機會發揮作用。友誼是深層的人際關係，需要時間培養，如果對象不斷更換便不可能。但重點不光是對象不可以更換，而是我們在關懷他人、付出自己時，感到對方是堅定地等著我們幫助。對象不僅必須是堅定的，也必須給人以堅定的感覺。

16 關懷時產生的罪惡感

在關懷當中我全心全意付出，讓別人可以依靠；如果因為我的漠然或疏忽，而導致這段關係出現嚴重的破裂，我會有罪惡感，彷彿對方會說：「我需要你的時候，你在哪裏？你為甚麼讓我失望？」這時我覺得自己背叛了對方而產生罪惡感，而我的意識要我時時留意到它。我所關懷的對方對我愈重要，我的罪惡感就愈明顯。

罪惡感就像疼痛，告訴我哪裏出了問題；如果我充分感受到、理解了而且接受了，罪惡感會提醒我回頭對對方負起責任。這麼做不見得能使關係恢復到破裂之前，但往往使我更嚴肅看待且更加覺察我的責任所在，就好像我們因為不小心而險些失去某樣東西，經過這種幾近失去的經驗，才更深刻領悟到它對我有多麼寶貴。

我重新開始關懷不單只是為了克服罪惡感，但是透過重新檢討這份關懷，我將得以克服這種罪惡感。

此外，由於我認同對方的成長，而且某種程度上將對方的成長視為我的延伸，因此當我忽視對方成長的同時，我對自己的回應也不若以往。一如正直的人因失信於他人而背叛自己，忽視對方的成長也代表一種對自我的背叛，而良知會帶我回到對方跟我自己，當我修補了與對方之間的裂痕，也就修補了我內在的裂痕。

17 禮尚往來

關懷不見得是有來有往的。事物對我的回應，不會跟我對事物的回應相同，他們的「個性」多半是由我賦予，例如藝術作品顯然不能以本書至今所提到的方式來關懷我，雖然我覺得自己正專注用心地聆聽巴哈的清唱劇，但是把巴哈清唱劇想成是在關懷我，就顯然過度延伸了關懷的概念。關懷子女的父母與年幼孩子之間，又是一個關懷無法互惠的例子。孩子或許很愛父母，能體會父母關心他的一時半刻，但卻無法關懷自己的父母，孩子無法感受父母之為獨立個體，而由於孩子的自我意識還不明確，也不曉得哪些事對他的成長來說是重要的，他對父母以及自己成長需要些甚麼便懵懵懂懂。再來談心理治療的單邊關係。心理治療師關懷一個沒有能力付出關懷的人，當病人有了關懷的能力，且能合理相信他有能力關懷治療師的時候，治療的關係便終止了，因為現在病人能關懷自己，為自己的生命負責。

在真誠友誼當中的關懷是互相的，關懷變得具傳染力，我對對方的關懷也啟動他對我的關懷，而他的關懷又啟動我對他的關懷，換言之，它會「強化」我關懷他的力量。但是，說關懷是互惠的並非暗示關懷是一種交易，亦即如果你關懷我，我就關懷你。這就如同我轉而關懷他人的情形——正因為我的關懷不是互惠的。

如果只考慮教師關懷學生、心理治療師關懷病人，或藝術家關懷某一件作品，似乎理想上一切關懷的行為都會找到一個終點，於是就意味著評斷關懷成功的標準在於關懷是否變得可有可無，讓關懷本身變得非必要。例如我們說，學生已經長大了而且「站在老師的肩膀上」，或者說病人開始為自己的生命負責，不再需要心理治療師，或者藝術品已經被完成了，不再需要藝術家。關懷的最終目標，並非總是讓關懷變得可有可無，也有例外的的情形。拿親子關係來說，父母幫助孩子學會關懷自己，卻無意終止親子關係。同樣地，我們會希望相互幫助對方成長的成熟友誼恆久存在。

18 關懷不是漫無邊際的

關懷可以容許某種程度的粗魯，以及對對方的需求缺乏興趣與敏感度。舉例來說，體認到誠實和奉獻是關懷的一部分，並非暗示唯有絕對的誠實或奉獻才能與關懷並存，關懷子女的父母、關懷學生的老師、關心你的朋友、關心作品的作家，全都有得意和失意的時候，關懷總有起起落落。在這方面，雖然關懷可以被認為跟程度有關，卻是在某個「限度」之內或多或少，或好或壞。把病態的依賴視為一種低階的關懷，將惡意操弄視為「也是一種關懷」，或是說到當關懷「太過頭」，例如過度保護也是一種關懷，這些都是不對的，全都在關懷的限度之外。將這些例子視為低階的關懷，只會模糊掉真正重要的事。

如果我基本上並不覺得對方是獨立存在的個體，無論我做甚麼都不是在關懷。

無論父母替子女設想得多周到，只要他最在意的是把孩子塑造成他認為該要有的樣子，或者他比較感興趣的是讓孩子從根本上一直依賴他，而不是希望孩子成為獨立自主的人，那麼他就不是在關懷。在這些例子中，孩子有充分理由感覺到基本上他是不被關懷的，原因是他體會到自己並不被當成獨立的個人看待。一個作家如果把所有有趣的事都寫出來，因此模糊了主題而導致主題發展不下去，那麼無論他還做了哪些事，都不是在關懷他的發想。如果我表明我不想或不能根據是否有助於對方成長來修正我的行為，那麼我就不是在關懷。

如果要去關懷，我不僅必須採取某些行動跟態度，對方也必須因為我所做的事而有發展上的改變，換言之，我必須真正幫助對方成長。為了判斷我是否在關懷對方，我不僅必須觀察自己的一舉一動、觀察自己的感受與意圖，也必須觀察對方是否因我所做的事而成長。這當然不表示我的行動必定直接使對方成長，彷彿中間存在一對一的關係似的；而是我的行動整體而言對它的成長必定有幫助，如果基本上沒有成長可言，那麼無論我還做了些甚麼，都不算是在關懷。換言之，由於我的行動應該受對方成長的方向指引，並且依據真實狀況做修正，如果對方確實沒有成長，那麼我就沒有回應對方的需求，我也就不是在關懷了。

Part

IV

關懷人的一些特定情況

19 關懷其他人

我一直試著說明，幫助對方成長是關懷不可或缺的特徵，但我並沒有試著區分各種不同的「對象」，也還未探索並釐清父母關懷孩子、作家關懷「智慧結晶」、畫家關懷畫作、作曲家關懷樂曲，以及教師關懷學生或心理治療師關懷病人之間的重大差異。但是，現在我將明確探討關懷「人」。首先是關懷我以外的人，其次是關懷我自己。

當我要關懷另一個人時，必須能理解他跟他的世界，彷彿我就身在其中。我必須能用他的眼睛觀看他眼中的世界，以及他是如何看待自己。我不光是從外在以抽離的方式觀看，彷彿他是個標本似的，我還必須能在他的世界中與他同在，進入他的世界以便從內在感受生命對他而言是甚麼樣子、他努力想成為甚麼樣的人，以及他的成長需要甚麼。正因為我理解並回應我自己成長之所需，才能理解他對成長所付出的努力，換言之，唯有當我能深入理解自己，才能深入理解別人。

我跟他人在一起時並沒有迷失自己，我依然保有自己的主體性，而且覺察到我對他和他的世界的反應。用他的眼光觀看他的世界，不代表我對他的世界有相同的反應，因此能在他的世界中幫他完成他無法為自己做的事。我不必處在茫然不知所措的狀態下才能領悟他的茫然，但因為我從他的內心感受到他的茫然不知所措，因此我或許是那個適合幫助他脫離現狀的人。這樣的理解是可以接受監督和檢驗的，而且可以透過新的經驗及資訊，使得我的理解不斷演進。

在關懷時，我與對方同在（being with），我也為了他而存在（being for him）。我的存在是為了他能努力成長並且做自己。他的存在與我的存在是在同一個層次上，我既不對他擺出一副施恩的態度（看不起他，將他貶低在我之下），也不視他為偶像（崇拜他，把他捧到在我之上），相反地，我們是處在平等地位，說得更精確些，我不再在意層次，我已經超脫於從不同層次看待事物。我們是共同被確認，而不是一方的確認是以犧牲另一方為代價。

如果說，當被關懷的人領悟到自己正受到關懷時，他認為的「同在」會是甚麼樣的情形？當對方與我同在，我感到自己並不孤單，感覺被理解，不是以疏離的方式，因為我覺得他知道如果他是我的話會是甚麼樣子，我了解他想如實地看待我，不是為了對我有所評斷，而是想幫助我。我不必試圖美化自己以便隱藏自己，我能敞開心胸，讓他接近我，好讓他更容易幫助我。了解到他在我身邊，使我更真實看清我跟我的世界，就像有個人重複我說的話，使我有機會好好傾聽自己的聲音，讓我更完整了解自己說過的話。

廣義來說，「同在」是整個關懷過程的特徵，也就是說，在關懷對方時，我們可說是基本上與他同在他的世界裏，而不是僅僅從外在認識他——一旦當我們與對方脫節，便因而喪失了興趣和時間。狹義的「同在」是指在關懷的步調當中，跟對方在一起的階段，接著可能就是完全相反的相對比較疏離的階段，這時我們會仔細檢視並省思感受，以釐清我們的理解因而更能回應對方的需求。

我在關懷他人時會鼓勵他，啟發他鼓起勇氣做自己。我對他的信任，會鼓勵他信任自己，而且可以為這份信任而感到驕傲。或許最能激勵人心的是，他領悟到他的成長喚起關懷他的人一聲讚美、由衷的開心或喜悅，他感覺我的讚美像是在對他保證，說他並不孤單，我是真的為他設想；他努力成長之際也覺察到我的喜悅，於是喚起他對自己的關注，換言之，我幫助他領悟並體會他所做的一切的好，就像是我對他說：「看看現在的你，看你能做到的事，你真的好棒！」另一種相反的態度，是以心懷怨懟來回應對方的成長，彷彿對方是千斤重擔：「你以為你是誰啊！」關懷孩子的母親見到孩子開始懂得自理便欣喜地擁抱他，這舉動進一步鼓勵了孩子，而這種以肢體動作或眼神表達不由自主的開心，往往傳遞了無法言傳的信念。

以由衷的喜悅表達讚美，不應該和奉承混為一談，讚美對方使我更親近被關懷的人，亦即我如實看待他。但若是偶像崇拜，我多半是將對方與我想像的虛構故事連結在一起，而且基本上與對方脫節。讚美一個人，不像是崇拜一個偶像那樣，必須以犧牲另一個相對受貶抑的人為代價。諂媚與關懷無關。

如果某人想藉由我的關懷而成長，那麼他一定要信任我，唯有如此他才會對我敞開心胸，讓我對他伸出援手，若是不信任我，他將充滿戒備而且封閉。如果病人想坦誠以對，一定要信任心理治療師，這麼一來，病人也因此得到一個機會來認清並理解自己。如果學生想展現自己的弱點而且不怕「露出馬腳」，藉此讓老師更了解該從何處下手、該做甚麼，他就必須信任老師。如果孩子想獲得自己需要的幫助，就一定得信任父母。我是否信任關懷我的人，絕大部分要看他的話是否實在，以及根據我實際被他關懷時的感受而定。另一方面，雖然我關懷他人時相信對方將會成長並實現自我（換言之未來的他將與現在不同），但他卻是因為我現在的樣子而信任我，因為我在他的成長中為他設想而且與他同在。

關懷孩子時，我鼓勵他做決定時要量力而為，因為他成長的方式之一，就是培養出為自己做決定的能力，以及為自己的決定負責。但是，年紀愈小的孩子，就愈沒有可資學習的經驗，且愈沒有獨立的本錢，這時我就愈需要為他做重要的決定，看這些決定如何被執行，有時甚至為他的人身安全設想。我做類似決定時之所以堅決，是因為我相信它們將幫助他強化自己做決定的能力，最終促進他的獨立與成長。如果可能的話，我會試著讓他了解我的決定並不是我武斷施行權威的結果，我會解釋我做決定的理由，用實際行動讓他了解這麼做是基於對他的關心。

另一方面，當我關懷一位成年人，會盡量避免替他做決定。我會提供資訊、建議替代方案並指出可能的後果，幫助他做他自己的決定，但是我始終明白那些決定都是他要做的，不是我。替他做決定就是施恩於他，把他當作小孩看待，當我否定他為自己生命負責的需要，也就等於否定他身為一個人的事實。

20

關懷我自己

或許我對自己漠不關心，把自己當成東西來利用，甚至完全不認識自己；但我也可以關懷自己，回應自己成長的需求，我成為自己的守護者，為自己的生命負責。換言之，關懷自己也是一種「關懷」。

幾乎所有關懷的特質，包括奉獻、信任、耐心、謙卑、誠實以及過程最重要，都直接適用於關懷自己。但是與對方聯合，因為我覺察到對方是獨立個體的事實，某種程度上必須用不同的方式來理解，因為對方在這情況下與我是一體的。當我關懷自己時，必須能感受自己是個對方（我必須能從內在看見我現於外在的形體），同時又必須感覺與自己是一個整體，而不是與自己切割和疏離。此外有些關懷的見解，在原封不動應用到關懷自己時，會變得牽強造作。舉例來說，「我在幫他人成長時，自己也跟著成長」變成「在幫助自己成長時，我也成長」，或「在關懷他人時，我們幫助他關懷他自己」變成「在關懷我自己時，我幫助自己關懷自己。」

自我中心（egocentricity）就是病態地全神貫注在自我，對他人的需求視若無睹，但是關懷自己並不是自我中心。首先，把自己當作偶像，一心只想著別人是否崇拜我，這些自我中心的特質與幫助自己成長完全無關。事實上，自我中心的人根本不是對自己感興趣，他不敢誠實地正視自己，因為他本質上根本不關心自己有實現自我的需要。自我中心的人經常出現的自我陶醉，將使他完全無法回應自己成長的需求。

其次，當我關懷自己時，會考量到我也需要關懷我之外的物或人。我只能透過服務我之外的某人或某物來實現自我，如果我無法關懷我之外的任何人或任何事，也就無法關懷我自己。

唯有了解並體會成長的意義，了解並試圖滿足自己成長的需求，這樣的人才能真切了解並體會他人的成長，因為推己及人的緣故。雖然關懷他人可以假定我也關懷自己（因為假如我無能力關懷自己，就無能力關懷他人），然而關懷某樣東西跟關懷我自己之間的關聯性似乎不太緊密，作家或藝術家似乎不需要非得關懷自己，就可以關懷自己的作品。

Part

V

關懷如何為生命排序，並賦予人生意義

21 關懷是一切價值的核心

目前為止探討的關懷模式，都沒有考量它在人生命中所處的地位。現在我想探討關懷在人生命中扮演的角色，以及透過全方位關懷來整合的生命，所具備的本質。

關懷以本身為核心，將各種活動和價值排序：關懷為首，其他活動和價值居次。當一個原本沒有關懷能力，或沒有人或物可以關懷的人，開始關懷起他人或他物時，許多先前認為重要的事情會漸漸失去重要性，與關懷相關的人事物則變得重要起來。舉例來說，如果現在我的工作使我有機會去關懷，過去看似重要的、與身分地位有關的（無論我和別人相比是高是低），現在都變得無關緊要。當我關懷子女時，我體認到社區中與兒童福利和成長有關的因素的重要性，而這是我以前沒有察覺的。

只要我做得到，我會去促進並守護使我的關懷成為可能的條件，我排除那些與關懷及其條件不相容的事物，也把無關緊要的事物列為次要。這樣的排序並不會讓人感覺是從外在否定我、且使我生活閉塞的不合理要求，而是自然而然所致，就像從生命的內在自然浮現出來一樣，是讓人感到解放的（liberating），因為我接觸到更完整的生命，讓我更親近自己與他人，好比當我把時間花在我由衷感興趣的事物時，使我活得更精采。

關懷他人的人也珍惜他人的關懷，且往往鼓勵並助長對方的關懷。關懷他人的人會被其他關懷他人的人吸引，一如有趣的人（由衷對某件事感興趣的人）會被其他有趣的人吸引。如果關懷夠全面，我會深深參與其中，並將我各方面的生活有效排序。於是關懷成了核心，所有活動與經驗都以此為核心加以整合，這使得我自己與恆久不變的世界和諧一致；與這種和諧相對的，不光是身處在紛亂世界中那個支離破碎的自我，而且那個自我是有一個人為加諸秩序的世界在其上。以關懷為核心的生命，不同於一個沒有全面奉獻的生命，也不同於一個雖全面奉獻，但這些奉獻到頭來只是讓別人與自己疏離而已。這種自我與世界的深度和諧，有別於消極地使自己適應世界，或試圖讓世界受制於自己的意志。

這種全面的排序需要放棄某些事與活動，因此可能包含臣服（submission）的因素在內，但這種臣服，就好比工匠自願臣服於他的紀律以及材質的要求，基本上是讓人感到解放而且安心的，就像當我接受某些一直不敢面對的事實後的解放感，那是接受而非屈服於揮之不去的怨恨，最後我逐漸領悟自己無法用其他方式承擔，這樣的臣服需要放棄偽裝，接受自己的本來面目，我逐漸認清生命的真實狀態，而不是將它們看成我希望的樣子。這非常不同於藉由「展開新頁」或「盡棄前嫌」來拒絕或排除以往的生活方式；我不因為無法認同而和過去的自己一刀兩斷，過去的我如今被擴大，優游在更寬廣的生命之中。

22

關懷使我在世界上「就定位」

全方位的關懷可以將我們的生活加以排序，於是我們在世界上就定位（be in place，作者注：接下來的文章中，「就定位」將被當成專門用語來使用，而且所占的分量很重）。與此不同的是「失去定位」、試圖遠離「錯誤的定位」、尋找自己的「定位」，以及對「定位」不關心且無感。「定位」不是一個老早存在、等著我們的地方，我們不是被擺在盒子裏的銅板，我們尋找並且創造自己的定位，就像一個找到自己的人，必定也曾經幫助創造他自己。此外，就定位也不僅是某種和解的狀態，彷彿我們回到一個曾經疏遠的地方那樣。就定位是我們的生命出現了全新的事物，就像一個人逐漸為生命負起全責時，所發生的改變。

我對於就定位的感覺不全然是主觀的，這不僅是一種感覺，因為它表現在我真正加入世上其他的人。定位並不是我所擁有的財產，我是因為與他人產生連結的方式而就定位的。而且定位需要被持續更新與一再確認，不是只確定一次就永遠不變的，因為我的定位來自我回應他人成長的需求。定位也不應該被實體化，因為它不是一樣東西，也不是一種固定狀態。或許從某種深層的意義來看，在找到屬於自己的定位前，我們的內心會難以平靜，而認為就定位等於回到靜止狀態，其實這種靜止是動態的，而非靜態的。

就定位既是時間性的也是空間性的，一如當下也是具有時空背景的。無論俗話說的「他哪兒都不在」（He is nowhere）是甚麼意思，其實意思就是一個人因為自身和其生活方式有基本欠缺，而無容身之處。雖然對某些人而言，就定位也許跟特定位置所處的時間和空間密不可分——例如只能在寬闊開放的空間工作的藝術家，或者一脫離自己的家鄉和母語便無法寫作的作家——儘管定位必然以某個位置為前提，但顯然不單單也不主要與地理位置有關。就定位也不暗示一般社會的認同，就定位很可能導致一個人在社群中失去容身之處，就像創新的藝術家可能與他同時代崇尚的藝術脫節。此外，就定位與「了解自己的適當位置」無關，後者是指在高度階級化的社會中令人不愉快的階級分野。有時候，「了解自己的適當位置」可能使你永遠就不了定位。

「位置」還有一個與關懷無關、且不應與就定位混淆的通俗意義，是和自我膨脹有密切關聯的，是指相較於「在外圍」的人而言，我才是「裏圈」的人。從這層意義來看，就定位需要我感受到其他人無所適從，而且我認為他們的價值不如我。相反地，我就定位並不是靠著我不讓其他人就定位而來，我無需比較，也不用把自己的地位提升到沒有就定位的人之上；我們當然可能藉由干擾某人付出關懷而防止他就定位，但原則上每個人都有可能就定位，每個人也都可能過著以關懷為基礎的生活。

如果我的關懷全面到使我能就定位，那麼關懷就必須根植於我個人的力量上：我的關懷絕不是半調子，必須能充分利用我個人的天賦。如果不充分運用我特有的力量，我的關懷將不能明確地為我的生命排序，換言之我並沒有全心投入，還是有些保留。例如某一種關懷行為或許對我來說具有某種重要性，但仍不足以成為我生活的核心。但我們不可能迫使某一種關懷行為超過它原本涵蓋的範圍，一如我們不能迫使自己對某件事感到好奇或由衷感到興趣。某種關懷的行為是否能變得面面俱到，最後只有透過親身體驗，親自目睹這個關懷行為與其他的關懷行為是否能有效地安排並整合我的人生。

除此之外，若是希望關懷面面俱到，人必須關懷自己，因為對自身需求無反應的人將永遠無法就定位。此外我們都知道，關懷自己最起碼的意義，就是對自己關懷他人的基本需求有所回應。

再進一步說，如果我的關懷要面面俱到讓我能夠就定位，那麼我的各種關懷行為必須並存，彼此要呈現某種和諧的狀態。如果工作上的關懷和對家人的關懷之間，或者在關懷我自己和關懷某人之間存在基本上的不相容，我的生命就無法被妥善地安排。和諧性可以允許偶爾在優先順位上的衝突，例如有時候是這方面的關懷該排第一，另外一個是第二。但這樣的衝突經過長時間將會彼此扯平而且化解掉，一如每一對好友或每個幸福的家庭，時候到了自然能化解類似的衝突。究竟需要多少關懷才能有效安排人生當然因人而異，但關懷的量永遠不嫌多，因為我們無法一心多用，或許我們交遊廣闊，但如果我們自認可能擁有許多朋友，那就是欺騙自己，不說別的，時間總是有限。

23 關懷「適當的」對象

為了簡化，我把那些足以使我就定位的對象，稱為「適當的對象」（appropriate others）。當然，「適當」這兩字並非重點，或許說「能夠造就我」（fulfilling）更貼切。適當的關懷對象能補我不足之處，使我變得完整（complete），就像是演奏音樂造就了音樂家，有時我們會說：「找到有趣的工作後，我才變得完整。」或「在遇到你以前，我覺得自己是不完整的。」或「有了自己的家庭後，總算覺得自己是完整的。」這種完整的感覺並不代表成長的結束，彷彿來到終點，而是當一個人來到進一步成長的最佳位置時，伴隨而來的感覺。

適當的關懷對象與我自己，並不是類似桌椅般的外部關係，相反地他們是我自己的延伸，我也認同他們的成長。這也不是一種寄生的關係，因為適當的關懷對象是我的一部分，他們的存在確認了我與對方的存在，雖然我無論關懷任何人或物，都感受到對方或多或少是我的一部分；但是當對方是適當的關懷對象，而且讓我感受到對方是來使我完整的，這種體會就會更明顯。若是對這樣的適當對象漠不關心，到頭來也會變成對自己漠不關心，最終是失去自己的定位。因此，「就定位」就是以我適當的關懷對象為核心並整合起來的生活，而且其中一方永遠必須是我自己。

目前為止談到的適當的關懷對象只是我之外的人，但他們可不是現成的等在那兒，他們的發展必定與我有關，且發展的程度連同其他關懷的行為，已經成為我生命的核心，我的生活就以此獲得妥善安排，我在幫助他們成長的同時也發生轉變，我在尋找並培養適當的關懷對象時，也找到並創造了自己。同樣的道理，理想（ide-als）可能在我的生命中變得活潑且重要，而不僅是掛在嘴上說說罷了；理想不會是現成的，理想必須經過我的行動而得以發展並釐清，理想必須要是真實、持久、受到保護的。為了完全實現理想，我一定要變成它們，我也因為將理想變成自己的一部分而獲得轉變。一如對方一定要成長直到它成為我生命的核心，我也必須成長才能有如此全方位的關懷對象。舉例來說，我必須成為一個為了某人或某物本身而全心投入的人。

接著來看看對方跟我自己如何互相拉拔成長。比如說，有個具發展性的哲學思想亦即「智慧結晶」，成為我適當的關懷對象，我的努力使它從模糊而且次要變得更明確重要，而且成為我生命的核心。換言之，我因為徹底理解它而且投入心血而使它成為我的，不是說我擁有它，或者它成為我的囊中物，畢竟我已感受到它獨立存在的事實。我在幫助它成長的過程中被轉變，它與我有深厚的連結，因而幫助我有效安排我的生活。再看另一個我自己跟對方互相拉拔成長的例子，這次的適當對象是一位朋友，他的改變以及我和他的關係的改變，使我也顯著成長。無論如何，透過他和我的眼睛逐漸體驗世界，我的自我因而獲得開展，理解也更寬闊。

某個特定對象是不是適當的對象，要看是從短期還是長期的觀點來看。從短期觀點來說，某人正在撰寫的那一本書對他而言或許是個適當的關懷對象，但是長期而言，適當的對象可能是某些思想或在他所有文章中都談到的見解或理念，因此可以用他關懷這些見解或理念的方法，來理解他對這本書的關懷。如果單從短期觀點來思考何謂適當的對象，就暗示了當作家完成一本書，開始進行下一本時，他必然會改變適當的關懷對象，於是要找出並體會持續投入的對象就變得不可能。但是從長期觀點詮釋的話，他的適當對象基本上是不變的，同樣的道理，如果他停止寫作，開始教書，他也可以是在關懷他的思想。

我為適當的對象全天候待命，不光表示我是敞開雙臂接受對方，而是類似一個「下崗」的人在被需要時仍聯絡得到，關懷適當對象的人渴望能在對方需要自己的時候隨傳隨到，好比關懷子女的父母放下手邊工作回到子女的身邊，關懷病人的醫生能被他的病人找到，關懷作品的藝術家對自己的作品念茲在茲。無論我身在何處，無論正在做甚麼，只要適當的對象召喚我，我就聞聲而至，就這個意義來說，我可以說是隨傳隨到。

當我關懷適當的對象時，奉獻、信任、希望和勇氣的概念便更顯得重要，因為對象對我而言愈不可或缺，關懷的模式也愈完整地演進，關懷的個別元素也愈容易被分辨。

24 活出我生命的意義

我透過尋找並幫助我適當的對象成長，因而發掘並創造出我生命的意義；而且我在關懷適當的對象當中，我在世界上就定位，因而也活出我生命的意義。這樣的意義並非外在於我的生命，硬加上來的；我的存有（being）存在著意義的正當和必要性，我承認這意義是我的：我領悟生命的目的，甚麼東西是非我不可，我要服務的對象是甚麼。如果這些特定對象想要成長，他們對我的特定需求使我可能活出我生命的意義。同樣道理，除非我發現從根本上就需要我的人事物，否則我不可能找到這意義。

除了我自己，沒有人能賦予我生命的意義。意義不是老早就決定好，只需要揭露而已；我幫忙創造並發掘出意義，這是持續的過程，而非一次定江山。

要活出我生命的意義，就是要透過關懷我適當的對象而就定位。顯然這樣的生活不盡是最開心、最舒適的，其中可能有許多艱辛悲哀，而且未必擁有最豐富的文化生活。但撇開別的不談，這是我自己的人生，建立在我自己的存有而非其他東西上。我如何過我的人生、我是誰、或我該怎麼生活之間並沒有明顯的差距，我不認為自己應該在別的地方做別的事，我的生活方式相當符合我所具備的能力與所受的限制。如果「生命的唯一意義為何？」這問題有任何意義的話，我可以毫不猶豫地回答：去尋找並活出自己生命的意義。為了某種目的而體驗生活中的意義，或體驗有意義的時刻，或希望我的生活在別人眼中是有意義的，不盡然代表我活出我生命的意義。

回應適當關懷對象的召喚，變成是我的天職。但他們並非早就被選定的；不如說是我被選中或被「挑出來」來關懷他們，這是專屬於我的任務。但是，我以這種方式被挑選出來，並沒有貶低任何其他人的意思，換言之我並不是犧牲他人而被選中。雖然我感受到較強的個人感，且因為這是我的任務而使我與他人有所區隔，但我並沒有脫離同儕，反而因為我能更輕易理解並體會他們如何因其各自的任務而被選中，使我更親近他們。此外，「被選中」並不等於我消極接受外在發生在我身上的每一件事，我藉由發現並幫助適當的對象成長，也促成了自己被選中。

當我們談到生命「有方向」，意思大致是有一樣東西（目標、興趣、人或理想）對我們的吸引力，足以使我們為它採取行動，而且這樣東西的內涵之豐富，當我們專注其上時，所有的活動都基於它而就緒，而且賦予我們的生命一種連續性。不過這種方向性，可能要在內容和價值相當不同的生活方式中才找得到。它可能伴隨著自我理解而且要對自己的人生負責；它也可能伴隨著缺乏自我理解以及迴避或放棄這樣的責任，例如盲目追隨某位獨裁者而找到方向。光是擁有方向，並不代表我活出我生命的意義。

因為我藉由關懷適當的對象而活出生命的意義，於是我可以過不一樣的生活，可以有不一樣的適當的關懷對象（當然不包括我自己），而依舊活出我生命的意義。但是我能有多麼不同的適當對象，要看我自己具備的力量和所受的限制，我的一般處境，和我可運用的資源。對某些人來說，尤其在工作的領域，我們能全方位去關懷的人可能相當有限，如果某些特定領域不容許他關懷，或許他就不能找到並活出生命的意義。

最要緊的是，如果將「活出我生命的意義」視為首要，讓人以為它比關懷適當的對象還要重要，那麼認為「活出我生命的意義」為首要便是個錯誤，因為這樣一來，關懷就變成是達成某個自己覺得更重要的事的手段。不過，我關懷的目的並非活出我生命的意義，而是過著以關懷適當的對象為中心的生活，才是活出我生命意義的生活。此外，我之所以活出我生命的意義，正是因為我關懷的對象對我來說是最重要的。

Part

VI

以關懷為核心的生命，有哪些主要特徵

25 基本的確定性

當我們在世界上就定位，就會有一種穩定性（stability），它持久而且與人的整體生活方式連結，它既非暫時的，也不光是跟某個特定處境有關而已。我的生活穩定且有重心，在日常生活中既定背景下的一些不協調的經驗，也會變得彼此相似。這樣的整體穩定性經得起強大壓力，就像奉獻一樣，因為克服困難而更加堅定，就像因為擁有一致的目標或目的，或是不再需要偽裝成不是我們的樣子，或是對自己的價值成竹在胸，而產生的踏實與堅定感。與穩定性對照的則是內心猶豫與隨波逐流，因而對自己是誰、要往哪裏去產生深層的不確定感。穩定性也跟狂熱者的篤定截然不同，後者是在根本的不確定性之下產生的。穩定性就好比我們最終得以睡在大地上，無須再擔心從床上跌下來。

把這種穩定性視為基本的確定性（basic certainty），跟宣稱擁有真理或某些知識毫無關係，也不可以跟緊抓權威或信念不放所產生的確定感混淆。基本的確定性比較像是紮根在世界上，而不是緊抓住一顆大石頭不放，因此我們敞開心胸並伸出雙臂，至於緊抓不放則使我們不願嘗試其他經驗，便不可能確知自己究竟緊抓住誰、緊抓住甚麼。此外，基本的確定性跟我們企圖藉由避免衝突、避免誠實面對自己而獲得的確定性無關，後者是當我們對某些事有顯著個人利害關係時，往往會故意無視於任何不利的蛛絲馬跡。

基本的確定性會超越那種「感覺到很確定」的需求，後者要求對現狀或未來要有絕對的保證。如果我們以為基本的確定性也包括深沉的安全感在內，那麼它也包括我們的脆弱，並且不再一心一意只想著要得到安全的保障。

以關懷為核心的生命是持續穩定而非停滯不動的，更不是一朝穩定便永遠如此。此外，基本的確定性並非存在於人的內在，像是斯多葛學派人士（stoical）在危險的世界中也堅決不動那樣。事實上，由於這確定性是關乎一個人與他人產生連結的特定方式，因此我們只能在衍生跟抽象的意義上，才能將它歸因於任何個人。我因為更深入生活而得以存活並受到支持；如果干擾使得我無法活出生命的意義，那麼基本的確定性也會受到干擾。

我被適當的關懷對象需要使我產生歸屬感（belonging），於是我有了依靠，而歸屬感也是基本的確定性的元素之一。因為適當的對象需要我、因為他們將存有託付於我，於是我有了歸屬。不被任何人或任何事需要的人沒有歸屬，生命就像隨風飛舞的葉片，我需要被需要，他人對我的需要與我對他人的需要缺一不可。從這意義來看，歸屬伴隨著我自己的自我實現，跟病態的依存截然不同，我在病態的依存中將失去我自己的整體性。

內在和外在（inner and outer）的結合，是基本確定性的另一個元素。當我就定位，我公諸於世人的價值與我實際的生活方式之間、我的思維方式和我實際的生活方式之間、我從內在看待自己行為與他人眼中看到我的行為之間，便存在合理的聚合（convergence）；我是依據自己的價值判斷在生活。若是內在與外在之間存在明顯的區別，我的所作所為就不完整，換言之我的內在本身就是分裂的，於是我對於我是誰、我將往哪裏去，必定存在著不確定。

我們在基本確定性中也會發現澄澈性（clarity），這種澄澈源自於大量的雜亂被消除，我重新創造一個以關懷為核心的生活，於是我的生活開始簡化。與關懷不相容且不相關的一切皆被消除，我對於我是誰、將往哪裏去，從根本上獲得澄清。這種澄澈是伴隨我們不再一心追逐身分地位，開始追求由衷感興趣的事情而來，也伴隨理解我真正想要甚麼、該以何種方式獲得而來，更伴隨我不再需要裝成不是自己的樣子而來。消除了雜亂，生活變得更單純，事情與事情之間的重要連結比較容易被看見，各種經驗的顯著性也更容易被我們領會，生活更有方向感，真正重要的事物更清楚被凸顯。若是少了這種澄澈，就不可能達到根深柢固的穩定性。

雜亂不僅會干擾新的可能性產生，而且因為雜亂令我厭煩，會使我的感官變得遲鈍，導致我無法專注在眼前的事物，看見老早就存在的可能。舉例來說，作家有時會因為試圖同時思索太多見解而卡在一處，各個見解變成彼此的障礙，只有當他把範圍侷限到跟眼前直接相關的重點，這些見解之間才有足夠的空間與時間產生有意義的回響，他也才看得出見解之間的重要連結。雜亂使我的「起居室」縮水而無法自在活動，只對基本事物做出回應的簡單化則能擴大我的起居室，讓我感到輕鬆自在，於是生活將更具深度，時空似乎變得更開闊，令我們想像力更豐富靈活，開發出新的可能，我知道自己在做甚麼，我能更輕易專注在某件事情，並且建立我跟這件事的關係。如果雜亂像是靜電的干擾音，就有某種寂靜是伴隨著簡化和基本確定性而來。

一如活出我生命的意義的情況，當我以為達到基本穩定性是最首要，以為關懷只是達到基本穩定性的手段，就會對關懷和基本的穩定性產生根本上的混淆。當我們用這種方式利用我們的對象，就會干擾到關懷的行為，於是便不可能達到基本的確定性。我們關懷並不是為了達到基本的確定性，而是以關懷為核心的生活就會擁有這樣的確定性。最後，唯有忘掉對於穩定的渴望，去關切需要我們的對方而不是我們自己，才有可能達到這樣的穩定性。

26 活著的過程便已足夠

當我活出生命的意義，就會感覺光是活著的過程就已經足夠。這並非暗示完美，雖然我們或許會這麼想。當我們承認某位朋友、一段對話、一場音樂表演或一本書並不完美但卻「夠好」（good enough），不代表我們認為已經不可能更好，而是即使改善也不會從根本上改變事情的狀況。我在生活中感覺生命已經足夠，我想要的僅僅是有機會能夠活這輩子。

顯然，「夠好」並不意味愉悅達到最大、痛苦達到最小。關懷不見得都是讓人愉快的，有時會讓人感到挫折，而且很少是容易的。此外「夠好」和停滯或滿足一點關係都沒有，過程之所以夠好，只因為我是用充滿創造力的方式在過生活。此外，目前的生活無所欠缺，與生命所具備的未完成的特質並不牴觸；不斷成長創造的人永遠處在未完成的狀態，當我完滿地活出生命的意義，就更能體會生命那未完成的特質。

也許我們在某些例子中，感到自己徹底被拒絕，生活的過程是有所欠缺的，而這些感受反而讓我們了解所謂的足夠是甚麼。當我們不運用自己特有的力量（像是當作家不能寫文章，護士不能進行護理工作），我們會覺得活得不夠，這時我們感到自己無用武之地，是生命的局外人，好像生命從我們身邊流逝，因為我們並沒有參與其中。或者當我們總是在趕時間，覺得自己需要更多時間以便碰觸到某件事情時，會產生這樣的欠缺感，於是生活的節奏使我們無法充分體驗事物乃至領會其意義。此外，當我們從一開始便矯柔做作，裝出根本不是自己的樣子，也無法充分感受生活的過程，我們覺得現在的自己離足夠還很遙遠，寧可被別人用我們以後的樣子來對待，而不是我們現在的樣子。當然，當我們老是汲汲營營追求而不是活出生命的意義，當我們感覺有個東西老是像鼻子前的胡蘿蔔般誘惑我們伸手抓取，而當下只是擋在前面礙手礙腳的必要之惡，這時我們就會感覺現在的生活有所欠缺。另一方面，當我們活出生命的意義時，當下的生活便是豐盈的，我不覺得有必要「來到生命中」，彷彿生命是在當下生活之上之外的東西。而當現在的生活無所欠缺，我便感到自己是無所欠缺的。

當我們就定位，我們的感受便存在一種密度。與此相對的則是無可探索、欠缺新鮮感、無所成長，那百無聊賴所特有的貧乏感。這種密度表現在關懷的無窮盡，因為關懷並沒有一定的量而可能被用光，人們透過身體力行使關懷呈現新的面貌而且逐漸演進，這種豐盈也呈現在適當的關懷對象因著我們的關懷而成長。存在展現其深度，就像探究某個有趣的主題，我們愈深入便發現內涵愈豐富；當我們感到生活的過程無所欠缺，那無聲的深度所給予我們的暗示，便為我們的體驗增添了色彩。

27 可理解性與深不可測

當我活出生命的意義，生命的一切便能被理解，但這所謂的可理解（intelligibility），並不是可以用科學解釋，也不是用來理解現象的預測與控制能力，更不是熟悉的事物出現時的似曾相識感，而是了解在真實的日常生活中，哪些事物與我的生活相關、我為何而活、我是誰以及我要往哪裏去，而不是抽象上的意義。相對之下，不斷追尋生命意義，不明白與自己成長相關的事物為何，因而不確知自己究竟是誰，這樣的人所生活的世界就不那麼有意義。同樣情況，漫無目的隨波逐流的人，或者雖然生活有方向卻是自己強加的，或者方向根本不適合自己，這樣的人生活的世界也是無法被理解的。我想表達的可理解性，伴隨著歸屬感和某物或某人非我不可的感覺；與此相反的是，在任何地方都感到格格不入，以及持續的、有時極度渴望想找到自己的一席之地，因而產生的焦躁不安。這種可理解性與我感覺被理解、受自己關懷密不可分，而位在另一個極端的不可理解性，則是當我與自己脫節、對自己和自己最大的需求毫無反應，而且無法從自己的過去好好學習的時候，所感覺到的不可理解性。

這樣的可理解性並非一步到位的，而是伴隨我對適當對象的關懷持續不斷的作用，因此我積極使我的世界可以被理解，這不光是我了解我是誰、我將前往何處，我愈深入了解關懷在生命中的核心角色，就愈能領悟關懷是人類處境的核心。關懷與被關懷令我的世界得以被我理解，或者換種說法，我開始為他人的成長與實現負起責任。如果說可理解性意味著在世界上安身立命（be at home in the world），人類最終的安身立命不是透過控制或解釋或欣賞事物，而是透過關懷與被關懷。

這樣的可理解性，並不會消除或扼殺驚奇（wonder），反而使我更坦然面對自己跟世界，因而造就更多驚奇。我所謂的驚奇不是迷惑或茫然之類需要解決的事，而是值得品嘗的事，就像夜裏仰望天上星星時的驚奇。有時我們甚至可能覺得唯有帶著驚奇體驗某樣東西，才能真正認識它。一個人以充滿創造力的方式成長和生活，驚奇就會自然出現在他的生活中；但是如果他的成長受到嚴重阻礙，於是他的生活就會變得封閉，更遑論有任何驚奇可言。

同樣地，可理解性並不排斥存在的深不可測（unfathomable character of existence），而會讓我們更加覺察到存在的深不可測並不是有待我們去解決的無知，換言之，不是能藉由懂更多或具備某些特殊知識而能克服；相反地，存在的深不可測就像驚奇一樣，需要去經歷、領悟和品味。我指的不光是進入與離開存有（being）的奧祕（mystery），或是我一開始不在這裏，最後也將不在這裏的奇怪感，我所說的是存在本身的奧祕，任何存在的事物所具備的神祕與驚異。

覺察到存在的深不可測，不要恐懼也不要逃避，而是徹底地領悟。它不像是感覺到光怪陸離的事情，並沒有使我與其他人分割開來，而是讓我更加覺察無論我們具備何種力量、受到何種限制，無論我們擁有甚麼、欠缺甚麼，我們都在同一條船上。這不是為了消除人與人的差別而降低水平，而是使我們更懂得欣賞他人和我自己的獨一無二（uniqueness）。我更深刻地領悟到我的微不足道，彷彿我是漫漫長夜中轉瞬即逝的火焰，我也更加覺察到我無可比擬的價值，這珍貴的價值以某種方式與具有決定性的、永不重複的事物緊緊連結在一起。

如同前面提到的，由於在世界上就定位，生活變得簡單化，也造就了成長與意義，而非膚淺的生活。當我消除許多與我的關懷不相容且不相關的事物，於是對我而言重要的事物便更昭然若揭，我也更能覺察到自己是誰、將往何處去。雜亂的消除也使我更能隨時覺察到生命的深不可測，好比消除噪音與令我分心的事物後，使我更能覺察到我自己與圍繞在我周遭的寂靜。因此我們或許可以說，在就定位而理解一切事物的同時，也就更能體察存在的深不可測。

28 獨立自主

獨立自主（autonomy）可以和活出生命的意義畫上等號，因為我在社會和實質條件的特定限制下，我是在走自己的路。但這不是在過一個不屬於我、感覺起來不是我的生活，那種生活根據的價值並非根植於我自己的經驗，而且與我成長和實現自我的需求無關緊要。「自己的生活」當然不表示我的生活是可以任我使用和操縱的財產，因為如果我對待自己如財產，我就與自己疏離，而我的生活對我而言便顯得陌生了。我為了活出「我自己的生命」，必須透過關懷並且為生命負責，將我的生命變成我自己的；同樣道理，如果我想使理想成為我自己的，就必須化理想為實際行動，幫忙將它實現。我並不是一開始就獨立自主，獨立自主是最終的結果，就像珍視的友誼會成熟或成長。

獨立自主不表示情感疏離，也不表示不與他人產生堅強的連結，因為那就意味著感情與實體的連結必然將我綁住，使我身不由己。再說一次，獨立自主不等於被自我封閉，也不是「跟鳥兒一樣自由」；相反地，我獨立自主是因為我對他人的奉獻與依賴，而那種依賴會同時解放我跟對方。比如說，當點頭之交發展成重要的友誼，或者當我全神貫注在有趣的工作上，我的力量會獲得何等的釋放。不全心為學生奉獻的教師不能做自己，不全心投入音樂的音樂家也不能做自己，如果想做自己便得要全心投入，我是因為對特定對象的依賴才得以活出生命的意義，才能「過我自己的生活」。

獨立自主也不表示對方不依賴我，獨立自主之所以可能，在於我被適當的關懷對象所需要，藝術家的自由建立在他對作品的需要、他對工作的投入、他被他的作品需要上。我獨立自主是因為當我在幫助適當的對象成長時，我也跟著成長，如果將自我的實現與對方的實現分離，那麼獨立自主便不是我自己的實現了。有時人們會語帶絕望地說：「如果有人或東西能讓我關懷那該多好！」這意味他們不自由，因為他們沒有被需要的感覺，一旦有了這樣的感覺，如果他們能有所貢獻，他們就自由了。

獨立自主不等於隨我高興，我在關懷適當的對象時並非毫無章法。我做事的方法和我做的事，絕大部分要看如果關懷的對象想要成長與自我實現，以及我自己對成長的需求，需要我怎麼做、做甚麼。雖然我的方向大多由對方的成長決定，但我是我行動的發起者，且為自己的生命負責，而不只是被動因應並且受外界控制的。方向從我生命的內在湧現，而不是預先決定好，或是外在強加諸我身上的東西。與獨立自主相反的是亂無章法（我做只是因為我高興），還有受到外在控制的行為。

當我就定位時，當下（the present）令人如釋重負，萬物生生不息。當下包含我珍惜且全心奉獻的東西，過去和未來既非一成不變，也非為我安排妥當，而是充滿未知和希望。我反省過去、省思過去發生過的和原本可以發生的事，使我對當下的覺察更深入，而省思未來則為我打開各種可能，促使我盡快行動。釋放我個人的力量與當下的深化和廣化密不可分，由於我認同我之外的他人的成長與福祉，自我也因而擴展了。

另一方面，來看看對整體生活而非特定處境或活動感到無聊的情形。一旦整個人瀰漫無聊的氣氛，當下就像一片荒漠，沒有甚麼是珍貴的，我既不能激活任何事物，也無法被他人或他物所激活，反省過去或未來只是加劇並強化當下的空虛與徒勞，因為我不能充滿活力地碰觸我周遭的事物，因此自我是收縮的，我的生活缺乏目的，沒有甚麼事能促使我為生活奉獻心力，或者換種說法，沒有甚麼事值得我伸出援手。一切都只是表面，沒甚麼事能讓我知道更有活力的生活方式因而值得我去探索，生活缺乏未來性，無論發生甚麼，無論我做甚麼，生活將以同樣死氣沉沉的單調繼續，我的能力無從發揮，我也不是自由的。但是當我就定位，我便獨立自主了，因為我活在令我感到輕鬆自在的當下。

獨立自主的人能了解自己。說到底，沒有這樣的理解，我便是自己的絆腳石，而且老是原地打轉。當我就定位時，我在許多重要的方面理解自己。首先，在我真正關懷自己時，我必然是理解的，理解我是誰、我努力追求甚麼、我需要甚麼，以及滿足這些需要得做些甚麼。顯然我不可能一次就完全了解自己，因為了解自己就像關懷般地持續，且和關懷一樣或多或少要受限制。第二，當一個人就定位，對自己的了解也更全面，知道自己要服務的對象是誰、我該具備哪些條件、哪些能彌補我之不足，我從過生活當中了解自己，關懷適當的關懷對象，因而展現我對自己的了解，而自我了解也是持續的，不可能畢其功於一役。廣義的理解就是尋找並活出我生命的意義。

在就定位中，我一方面是充分沉浸在生命中，同時免除了社會中普遍存在的幾種不利於成長的生活方式。生活對我而言不是在比賽，身在其中的我無需關心如何與他人比較，究竟他們超前我還是落後我、我是否後來居上並繼續領先他們、或是我遠遠落後；因為我不在比賽中，就不會被比賽中常見的羞辱和惡毒糾纏。我也不必感覺生活像是交易的市集，不必將自己和他人視為待價而沽的商品，試圖讓自己也成為特定時期碰巧炙手可熱的東西。我不會有無能的感覺，那種感覺是當我的認同感基本上是依賴他人看法而非運用自己的力量時才會發生的。此外我不必感覺生活只是一連串不相關的事件，每個事件和前後事件之間不連貫的那種不連續性和渾沌；當我們感覺生活是由不相關的片段構成，就不能細細品味成長和成熟，也無法體會努力做成一件事的箇中感受。

29 信心

信心（faith）在就定位中，同時以狹義和廣義呈現。狹義的信心是「活出我生命的意義」的一個元素，好比我們會說對某人或某事有信心。舉例來說，我相信我有能力關懷自己，這樣的關懷還包括對我有關懷他人的需要做出回應，或者比較一般的說法，我相信自己有能力從經驗中學習，被成長和提升生命的經驗吸引，如同植物的向光性。擁有這樣的信心，我便不用擔心病態的齊頭式平等可能導致我背叛自己，我不擔心在這整齊劃一之中由於群眾的認同和安全感，使我對於自己的需求以及他人對成長的需求漠不關心。對自己的信心既不是盲目也不是非理性，而是基於我關懷他人與被他人關懷的經驗，一如我相信他人關心我的成長（相信他不會背棄我有做自己的需要），是基於我所感受到他對我的關懷。

另一種廣義的信心則可能與就定位本身畫上等號，亦即相信我的大方向是對的，換言之我矗立在這世界上，交付並顯露我自己。我們會說觀其言聽其行便知其人，而我的生活則代表我的人。

以這廣義來說，擁有信心與缺乏信心的對比，就好比是一個為自己生命負責的人，和一個逃避這種責任同時希望他人為我的生命負責的人之間的差異。信心做為存有的一種方式，做為對生命的基本信賴，使我們在實現自我與關懷對方的過程中進入未知境地時，也能充滿自信。與信心相反的則是因為對未知的恐懼而封閉自我；但我們不僅不逃避生命，反而更容易接觸生命。這樣的信心，與我們根據經驗而對某些特定的人或理想沒有信心，是不牴觸的。

既然從狹義來說，信心是對某人、事、物的信心（faith in），或許我們可以從廣義將信心說成是活在信念中（living in faith）。然後我們可以說，當一個人關懷適當的對象時，當某些適當的關懷對象想要成長而需要他時，他便活在信念之中，從而紮根在世界上。這種信念來自於進入生命的更深層，就像是將天賦運用到極致才產生的信心和安全感。對活在信念中的人而言，世界是可以理解的，但是伴隨這種可理解的是，更敏銳覺察到存在的深不可測。

30 感恩

感恩（gratitude）是就定位的自然表現。我感謝我能活出生命的意義（我感謝有適當的關懷對象需要我，且感謝我有能力關懷他們），從而擴大範圍，感謝生命的本身。我感謝有機會和能力貢獻自己，那是因為我有獲得所以更要去付出，當然，這不等於我為了獲得所以才付出。如果我相信他人是被迫對我付出，我就無法感到感謝之情，而確信「這是我應得的」也同樣和感恩不相容。此外，並不是說滿足了生命的要求就一定可以活出生命的意義，如果我把就定位想成是可以對生命做出要求，我就無法產生感恩之情。

當我領悟到我所獲得的並非我理所當然應得的，也不是我可以要求的東西，我會感激自己是如此仰賴無數多我幾乎無法控制的因素，但是體認到這樣的依賴並不會令我感到自己無力或不如人，反而令我感到自由而且充滿喜悅。我和我仰賴的事物如此親近，一如忠實的工匠對工具和材料的感情之深，我不會勉為其難承認自己依賴別人，而是開心地感受到我對他們的情義和將我們繫在一起的連結，就像在分享重要事物時的開心一樣。這種對依賴的體察，和活出我生命意義的獨立性是一同產生的，唯有利用「幫助」他人來操縱對方的人，才會感受到接受幫助是一種束縛，他無法接受，因為擔心被欺騙。

直到我對所擁有的一切表達謝意，感恩才算完成。但是我該如何感謝對方，我又該感謝誰呢？為自己就定位而感恩，使我感受到人事物更加珍貴，我更容易受他們感動，而且更敏銳察覺到他們對我的需要。感恩進一步促使我去關懷適當的對象，關懷成為我用來感謝我有所獲得的方式，換言之，我對適當的對象和它們存在的狀態付出更多關懷，以此來表達我的感謝。某方面而言，這就像一個人想對收到禮物表達感激時，便以充分使用禮物來表示。就像我們會說某人愛惜或尊重生命，或者說某人輕視生命；人們或許會說我在為我獲得的而感謝生命，或者如果大自然被廣義理解成一切的源頭，或許會說我是在感謝大自然，彷彿我因為就定位而受到關懷，而我想要有所回報。但我無法感謝或關懷廣義的生命，只能透過關懷生命中的點點滴滴來感謝生命。

* * *

人因為尋找自己的定位而找到自己，而他透過尋找需要他關懷的對象，他也需要有關懷的對象，因而找到他的定位。透過關懷與被關懷，人體認到自己是大自然的一部分。當我們幫助一個人或一個思想成長茁壯時，也是我們最接近它們的時候。關於活出我生命的意義有個最低限度的品質，然而奇怪的是，這品質是伴隨著對生命無窮盡的深度有更多覺察而產生，彷彿平淡無奇的生活其實才是最精采。雖然我們理解生命最深層的意義，但我最後要說，存在的深不可測，就像一首樂曲中的持續低音部（pedal point）*，會瀰漫整個人生而且為它妝點色彩。

*編按：pedal point大多出現在管風琴音樂中，即腳踏板的持續低音用法，功能上是做為和聲的根音基礎。而在其之上，即手在鍵盤上的彈奏，可以有多聲部的各種呈現（如交疊、追逐、重複等）。因此作者是要表達：存在是生命的基調，如同pedal point是音樂中和聲的根本；存在之深不可測，如同pedal point是在音樂中最底層的低音聲部。人生即如同多聲部的音樂。感謝鋼琴家莊雅雯小姐提供解釋。

經濟新潮社 〈自由學習系列〉

書號	書名	作者	定價
QD1022	**環狀島效應**：寫給倖存者、支援者和旁觀者關於創傷與復原的十堂課	宮地尚子	380
QD1023	**老大人陪伴指南**：青銀相處開心就好，想那麼多幹嘛？	三好春樹	340
QD1024	**過度診斷**：我知道「早期發現、早期治療」，但是，我真的有病嗎？	H・吉爾伯特・威爾奇、麗莎・舒華茲、史蒂芬・沃洛辛	380
QD1025	**自我轉變之書**：轉個念，走出困境，發揮自己力量的12堂人生課	羅莎姆・史東・山德爾、班傑明・山德爾	360
QD1026	**教出會獨立思考的小孩**：教你的孩子學會表達「事實」與「邏輯」的能力	苅野進、野村龍一	350
QD1027	**從一到無限大**：科學中的事實與臆測	喬治・加莫夫	480
QD1028	**父母老了，我也老了**：悉心看顧、適度喘息，關懷爸媽的全方位照護指南	米利安・阿蘭森、瑪賽拉・巴克・維納	380
QD1029	**指揮家之心**：為什麼音樂如此動人？指揮家帶你深入音樂表象之下的世界	馬克・維格斯沃	400
QD1030	**關懷的力量**（經典改版）	米爾頓・梅洛夫	300

經濟新潮社 〈自由學習系列〉

書號	書名	作者	定價
QD1001	**想像的力量**：心智、語言、情感，解開「人」的祕密	松澤哲郎	350
QD1002	**一個數學家的嘆息**：如何讓孩子好奇、想學習，走進數學的美麗世界	保羅・拉克哈特	250
QD1004	**英文寫作的魅力**：十大經典準則，人人都能寫出清晰又優雅的文章	約瑟夫・威廉斯、約瑟夫・畢薩普	360
QD1005	**這才是數學**：從不知道到想知道的探索之旅	保羅・拉克哈特	400
QD1006	**阿德勒心理學講義**	阿德勒	340
QD1007	**給活著的我們・致逝去的他們**：東大急診醫師的人生思辨與生死手記	矢作直樹	280
QD1008	**服從權威**：有多少罪惡，假服從之名而行？	史丹利・米爾格蘭	380
QD1009	**口譯人生**：在跨文化的交界，窺看世界的精采	長井鞠子	300
QD1010	**好老師的課堂上會發生什麼事？**——探索優秀教學背後的道理！	伊莉莎白・葛林	380
QD1011	**寶塚的經營美學**：跨越百年的表演藝術生意經	森下信雄	320
QD1012	**西方文明的崩潰**：氣候變遷，人類會有怎樣的未來？	娜歐蜜・歐蕾斯柯斯、艾瑞克・康威	280
QD1014	**設計的精髓**：當理性遇見感性，從科學思考工業設計架構	山中俊治	480
QD1015	**時間的形狀**：相對論史話	汪潔	380
QD1017	**霸凌是什麼**：從教室到社會，直視你我的暗黑之心	森田洋司	350
QD1018	**編、導、演！眾人追看的韓劇，就是這樣誕生的！**：《浪漫滿屋》《他們的世界》導演暢談韓劇製作的祕密	表民秀	360
QD1019	**多樣性**：認識自己，接納別人，一場社會科學之旅	山口一男	330
QD1020	**科學素養**：看清問題的本質、分辨真假，學會用科學思考和學習	池內了	330
QD1021	**阿德勒心理學講義2**：兒童的人格教育	阿德勒	360

國家圖書館出版品預行編目資料

關懷的力量／米爾頓・梅洛夫（Milton Mayeroff）著；陳正芬譯. -- 二版. -- 臺北市：經濟新潮社出版：家庭傳媒城邦分公司發行, 2020.06
面；　公分. --（自由學習；30）
譯自：On caring
ISBN 978-986-98680-9-9（平裝）

1. 人生哲學　2. 生命哲學

191.9　　109007245